ニュースで読み解く
ネット社会の歩き方

塚越健司

出版芸術ライブラリー
002

出版芸術社

まえがき

目の前で話している人よりも、スマホの先の誰かとのやりとりのほうを、よりリアルに感じることはないだろうか。それは一昔前なら考えられなかった現象かもしれない。

確かにネットは、空間を越えて人々をつなげている。それは便利でもある一方、大事な人が自分の目の前でスマホをいじっているときに感じる、あのもやもやした感じも生みだしている。いや、そうしたことがデフォルトになっている人にとっては、もやもやすることもないのかもしれない。

人と「つながりたい」という欲望も、人と「適切な距離を取りたい」という欲望も、昔からある。後者の欲望は、人と縁を切りたくはないが、もっと自分の時間がほしい、というあの感じだ。つながりたいけど、つながりたくない。過剰な「つながり」を求めるネットやスマホは、この関係にどのような影響を与えているのだろうか。

いつの時代も、技術環境と私たちの生活環境は密接な関係にある。一九九〇年代から二〇〇〇年代初頭にかけて賞賛されてきたインターネットは、その後SNSやスマホを生み出し、現代においては批判的に議論されることも多い。

本書においても、現状のネット社会について批判的な記述は多い。しかし、それらの批判は乗り越えの対象であり、ネットやSNS、スマホを全面的に批判する事が本書の目的ではない。どのような「技術との付き合い方」ができるのか、それを考える上で必要な論点を、批判を含めて議論していくことが本書の目的である。

変化を続けるネット社会のなかでは、便利になることで賞賛できることと、そうであるがゆえに新たに生じる問題がある。そのようななかで、私たちはどのように生きていけばよいのかを、本書で読み解いていきたい。

本書の構成

本書は、筆者が週に一度レギュラーで出演しているTBSラジオ「荒川強啓《あらかわきょうけい》デイ・キャッチ!」（番組は二〇一九年三月末終了）の「ニュースクリップ」コーナーで取りあげた、「ネット社会」に関するニュース解説を元に構成されている。ネット社会を知るためのポイントとして、SNS、動画、広告、セキュリティ、そして技術の進化などについて解説していく。

「ニュースクリップ」では、約七五〇本のネット関連ニュースを紹介したが、本書ではそのなかから、おもに二〇一四年から二〇一七年にかけて起きた現象に的をしぼって紹介する。テーマによっては、現在（二〇一九年二月）までの情報をくわえている。

本書では、ネット社会で問題とされている論点を抽出することに重きをおいた。よって、以下の点について注意をうながしておきたい。

第一に、本書で紹介したニュースは、本文中に太字で記したテキストをネット検索すれば、元の記事にたどり着くことができる（本書は書籍という紙媒体なので、一部を除いてURLは省略した）。

これらのニュースは、二〇一九年二月時点では削除されることなく読むことができるので、気になった読者は本書を読みながら元の記事も参照してほしい。また執筆にあたっては、記載した記事以外の資料やデータも参照した。

第二に、「わかりやすさ」を重視し、参照した記事は一次情報より、一次情報を伝えるための記事を多く使用した。統計データなどを論じるニュースでは、参照記事にアクセスすることで、そこから一次情報にたどり着くことができるものも多い。

また、元の情報が英語圏のものである場合も、同じ理由でそれを伝える日本語の記事を参照している。ただし、どうしても必要なものに関しては、英語記事へのリンクをそのまま記した。

第三に、取りあげたニュースに関して、派生する出来事がその後に起きている場合、重要だと思われるものには続報をくわえた。だが、本書は最新情報というよりも、ネット社会で問題とされている論点を抽出することに重きをおいている点をご了承ねがいたい。

なお、本書では「インターネット」と「ネット」を同義としてあつかい、文脈によって使いわけることにする。また、文中の敬称は略させていただいた。

ニュースで読み解く
ネット社会の歩き方

目　次

まえがき……3

1　私たちはスマホを操作するのか、操作されているのか……11
〜いまのネット社会で知っておくべき6つの話〜

主要なSNSの特徴——LINE・フェイスブック・インスタグラム……12
若者に人気の理由とは　〜LINE〜……12
なぜ世界中の人々が利用するのか　〜フェイスブック〜……18
画像の底力を知らしめたSNS　〜インスタグラム〜……23

スマホと生活する若者たち……34
将来はパソコンが必要なくなる!?……34
一〇代とネット社会……44
勉強も友人関係もスマホからはじまる……53

2　あらゆるものは配信され、広告になる……61
〜ネットで遊ぶときに知っておきたい5つの話〜

ネットで遊ぶツールが画期的な進化をとげている……62
世界をリードする無料の動画と有料の動画　〜ユーチューブとネットフリックス〜……62
CDのない生活　〜音楽配信サービスの台頭〜……74
ゲームはスマホで楽しむものに　〜高額課金に要注意〜……79

ネットと企業、そして広告……87
私たちはそのサービスをどこまで必要としているのか……87
広告を知らずしてネットの海は泳げない……100

3
キーワードで読むネット社会……115
～押さえておきたいネットにからむ6つの言葉～
3Dプリンター～データの流通で誰もが銃を作れる⁉～……116
故人のプライバシー～恋文を公開された川端康成の思い～……118
ネットとチャリティー～アイスバケツチャレンジとは何だったのか～……121
ハッカー～格安で自動運転車を作る頭脳～……125
スノーデン～私たちが彼から学ぶべきものとは～……128
「保育園落ちた日本死ね」～これはただの「汚い言葉」なのか～……132

4
ネット社会の論点……139
～これだけは気をつけておくべき8つの話～
セキュリティと著作権を考える……140
顔認証から見えるセキュリティとプライバシー……140
ウイルスは知らぬ間にあなたのパソコンへ忍びこむ……146

インターネットと著作権……157
ネット社会から自分を消すことはできるのか……167

負の感情を増幅させる装置としてのネット……176
ヘイトスピーチは終わらない……176
デマ・拡散・炎上……189
あなたの身近にフェイクニュースが……201
復讐ツールとしてのネット……204

5 進化し続けるネット社会の未来……213
～ネットとの付きあい方を示唆する5つの話～

果てしない技術向上の先にあるもの……214
検索の、その先へ……214
ヴァーチャル空間と現実空間は境目がなくなる!?……218
スマートスピーカーは家族の一員になれるか……223
技術が進化すれば悪用もされる……227
まとめ……230

あとがき……236

カバーイラスト　iStock.com

1

私たちは、
スマホを操作しているのか、
操作されているのか

〜いまのネット社会で知っておくべき6つの話〜

主要なSNSの特徴
——LINE・フェイスブック・インスタグラム

まず、LINE、フェイスブック（Facebook）、インスタグラム（Instagram）という、日本で数多くのユーザーに利用されている三つのSNS（ソーシャル・ネットワーキング・サービス）を本章では取りあげる。なお、ツイッター（Twitter）の特徴は多くの読者が知っていることが予想されるので、ここでは割愛する。ただし、本書の後半で取り上げている。

若者に人気の理由とは 〜LINE〜

日本で知らない人はいないSNSと言えばLINE（ライン）であろう。二〇一一年にサービスを開始してから、さまざまなアプリやサービスと連携し、ユーザーの利便性を追求してきた。もはや私たちの生活に欠かせないものだ。

LINEの大きな特徴は、老若男女を問わず、日本国内に普及している点だ。電子メールを使う学生は少数であり、日常的にはLINEのやりとりで用事を済ます。LINEはすでに、コミュニケーションのプラットフォームになっている。

ここでは、まずＬＩＮＥが提供するサービスの一例を紹介する。そして、その機能ゆえにコミュニケーションが複雑になっている現状と、いじめ相談にＬＩＮＥが活躍している点について触れたい。

通信のプラットフォームとなったＬＩＮＥ

二〇一四年一〇月九日にＬＩＮＥが開催した「LINE CONFERENCE TOKYO 2014」で発表されたＬＩＮＥ Ｐａｙ。おもな機能は、ＬＩＮＥを使って決済や送金ができることだ。クレジットカードはもちろん、コンビニや銀行口座を使ってアプリ内でお金をチャージしておくことも可能で、友人や知人との割り勘機能なども搭載している（**「ＬＩＮＥの勢いは止まらない！スマホの決済機能『ＬＩＮＥ Ｐａｙ』などの新サービスや今後の戦略を発表」ITmedia 2014/10/6**）。

相手の銀行口座を知らなくても、ＬＩＮＥのアカウントを知っており友だちになっていれば相手のＬＩＮＥ ＰＡＹ宛に送金可能であり、振りこまれたお金は銀行口座から引きだすこともできる。飲み会などでは、ＬＩＮＥのグループで決済すれば、現金を持っていなくても飲み会に参加できるだけでなく、割り勘もＬＩＮＥ上でできる。

このイベントでは、ほかにも多くの機能が発表された。日本交通との連携によるタクシー配車サービスの「ＬＩＮＥ ＴＡＸＩ」（二〇一八年八月をもってサービス終了）や、フードデリバリーや買い物代行サービスの「ＬＩＮＥ ＷＯＷ」（こちらはサービス開始から一年足らずの二〇一五年一一月にサービス終了)。ほかに、著名人が参加できるブログサービスの「LINE公式ブログ」や、音楽の定額聴き放題サービス「LINE MUSIC」などがある。

多種多様なサービスを発表したLINEだが、快進撃の一方で手を広げすぎているという印象もある。一方で、「アップル社の電子決済サービスである」アップル・ペイのように、「自らが運営するプラットフォーム」で決済機能を搭載することが、ビジネスにとっていかに重要であり、それこそが長続きする秘訣《ひけつ》でもあることを考えさせられる。

コミュニケーションを複雑にしている⁉

LINEはその後も多くの機能を提供している。二〇一八年一二月現在、月間アクティブユーザーが七八〇〇万人を超えているLINEは、日本国内においてインフラ企業と見なされるようになった。

一方、LINEにおけるプライバシーの保護の問題も、この数年で強く叫ばれている。発端のひとつに、二〇一六年一月七日発売の「週刊文春」における、バンド「ゲスの極み乙女」のメンバー川谷絵音《かわたにえのん》とタレントのベッキーの不倫報道がある。記事の根拠となった二人のLINEのやりとりを第三者が入手したと思われるため、LINEにおける情報流出を防ぐ術が議論された。

それ以前から、メッセージを送った際、相手がメッセージを読んだかどうかがわかる「既読」マークが付くため、若者のあいだでは既読にもかかわらずメッセージに反応しない「既読スルー」や、読むこともなく返事をしない「未読スルー」といった言葉が会話にのぼるようになった。既読を付けずにメッセージ内容を読む方法などがネット上で議論され、そのようなコミュニケーション上の問題を解決するための指南をまとめたネット記事などもある。

LINEは、言葉だけでなくスタンプを送りあうことで、言葉を超えた気持ちのやりとり(を可能にしたこと)や、スタンプによって言葉を省略したことで人気に火が付いた。とはいえ、既読、未読、そしてスタンプといった「機能」が、逆説的にも人々のコミュニケーションを複雑化させている。

特定の他者からのメッセージが送られた場合、既読を付ければ「すぐに返信しなければならない」プレッシャーを感じやすい。だが未読のままであれば、送ったほうは「相手は忙しいのか」と思ってくれる可能性が高く、返事までの時間を稼ぐことができる。

こんなことを書いていると、一部の読者は「そんなめんどうなことを考えるなんておかしい」と思うかもしれない。しかし、親しい友人であれビジネス上の相手であれ、相手に悪く思われずにうまくコミュニケーションを行いたいと願い、だからこそLINEの作法として既読と未読の関係を考慮しなければならない、と感じている人は多い。

スタンプにしても、LINEグループ(LINEには二者間のやりとりだけでなく、複数の人々と一同に会話を楽しむグループ機能がある)で自分はどのスタンプをどのタイミングで押すべきか、といったプレッシャーを感じる人々もいる。中高生であればクラスのLINEグループだったり、大学生ではゼミのLINEグループなどがある。

それぞれがそれぞれのグループ内の「キャラ」に合わせたスタンプを送ることで、自分のキャラをまわりに印象づけている。逆にキャラに合わないスタンプを送ることで、「こいつはつまらない」といった印象をまわりに与えてしまうこともある。

このように、ＬＩＮＥがコミュニケーションを複雑にしている点は否めない事実なのだ。この点については、「ストレスの原因とＳＮＳ」（五五頁）でもくわしく触れたい。

ＬＩＮＥといじめ相談

問題点を抱えながらも、ＬＩＮＥが人々のコミュニケーションを発達させたことはまちがいない。サービスのなかには、テキストのやりとりだからこそ重宝されるものもある。「いじめ相談」だ（**「ＬＩＮＥの『いじめ相談』が超好評。２週間で電話相談１年分を軽く上回る」The Huffington Post *2017/10/12***）。

長野県の教育委員会が二〇一七年九月一〇～二三日の二週間、夕方から夜の時間帯にＬＩＮＥの悩み相談専用アカウント「ひとりで悩まないで＠長野」を開設。中高生の悩み相談を受けつけると、一五七九件のアクセスが二週間であった（時間外のアクセスを含めると約三五〇〇件）。これは前年度一年間の電話相談数である二五九件を大きく上回っている。このケースでは、一〇人の専門相談員がＬＩＮＥのメッセージのやりとりで対応し、アクセス全体の三分の一にあたる五七四件の相談に乗った。

長野県は未成年の自殺率が高く、対策を講じる必要があったが、そんな折にＬＩＮＥから長野県に声がかかる。両者は「ＬＩＮＥを利用した子どものいじめ・自殺対策に関する連携協定」を結び、県内で学ぶ約一二万人の中高生に向けて、相談アカウントに登録するためのＱＲコードを印刷した紙を学校で配布した。

いじめや自殺の相談は、電話相談が一般的である。確かに電話は、顔が見えないという利点がある。とはいえ、直接他者と話すという部分で相談のハードルが高いという難点がある。その点、文字を使ったＬＩＮＥであれば声を使わないで済む。心理的なハードルが下がることもあり、また文字だからこそ伝えられることもある。

相談員の側にも利点は多い。電話は一対一でその場の対応となるが、文字情報は記録が残る。そのため、複数人で相談に乗ったり、相談員間の引きつぎもスムーズに行える。なにより、電話での相談件数とＬＩＮＥに寄せられた相談件数の差を見れば、相談のツールとしてＬＩＮＥを使うことがいかに若者に馴染み深いものであるのかがわかる。

むろん、電話とＬＩＮＥには、それぞれによさがある。ならば、電話相談のよさを活かしつつ、今後はＬＩＮＥ経由での相談も一般化していくことが期待される。ＬＩＮＥの相談内容には、恋愛や勉強の話だけでなく、友だちが少ないといった内容も多く寄せられたという。

その後、厚生労働省（以下、厚労省）が「ＳＮＳカウンセリング〜ココロの相談窓口」というアカウントを開設したほか、長野県を含む二五の自治体がＬＩＮＥを使った相談窓口を開設、もしくは開設を予定していると答えている（**「子どもの相談窓口、34自治体ＳＮＳ導入　朝日新聞調査」朝日新聞 DIGITAL *2018/8/25***）。

いずれにせよ、深刻さの度合いが高い問題の芽を初期段階で摘むといった意味でも、子どもたちがLINEを使ってトラブルを相談できる窓口は重宝されるべきであろう。

文字だからむずかしくなる問題もあれば、文字だからこそ人の心を開くこともできる。かつてインターネットがここまで普及していなかった時代、多くのネット掲示板においては、匿名だからこそ自分の心の内をさらすコミュニケーションが存在していた（数は少なくなったが、そうしたコミュニケーションはいまでも存在している）。

インターネットやSNSは、一方で匿名の悪意ある言葉の氾濫《はんらん》によって黎明《れいめい》期から問題視されてきた。他方、インターネットやSNSにおける匿名のコミュニケーションにおいて、助けられたと感じる人もいる。これらの事実を踏まえて、どのように利点を推しすすめていけるのかを、私たちは考えていかなければならない。

いずれにせよ、このような試みが成功していることもあり、現在、多くの団体がLINEを通した相談窓口を開設している。★

なぜ世界中の人々が利用するのか ～フェイスブック～

読者は、フェイスブックのアカウントを持っているだろうか。

世界でもっとも普及しているSNS。世界では個人であっても企業であっても、そのアカウントを所持することが、もはや常識とも言えるような状況だ。
では、なぜフェイスブックはこれほど普及したのか。二〇一六年から一八年までの動向を紹介しつつ、その理由と問題点について考えてみたい。

巨大化するIT企業としてのフェイスブック

二〇一六年一月に、第４四半期（二〇一五年九〜一二月）と会計年度通期の業績を発表したフェイスブック。第４四半期の売上高は五八億四〇〇〇万ドル、純利益は一五億六二〇〇万ドルと、アナリストの予想よりも高かった。発表直後には株価が一〇％増加するなど、好調ぶりが目立つ（**「フェイスブック、第４四半期および通期決算を発表―月間アクティブユーザーは15億９０００万人に」CNET Japan *2016/1/26***）。

この時点における世界の月間アクティブユーザー数（月に一回はそのサービスを利用しているユーザー数）は一五億九〇〇〇万を超えている。ちなみに、二〇一八年九月の時点でアクティブユーザー数は二二億を超えた。

第４四半期の総広告売上高の約八〇％がモバイル広告となっており、前年同期の六九％から大きく増加。ここからは、スマートフォン（以下、スマホ）をはじめとしたモバイル端末からのアクセスが大多数を占めていることがわかる。そして、会計年度通期の売上高は前年比四四％

★　くわしくは、厚生労働省のサイトを参照→https://www.mhlw.go.jp/stf/seisakunitsuite/bunya/0000199724.html

増の一七九億三〇〇〇万ドルだ。

フェイスブックの強みは、この時点で広告主が二五〇万社以上もいること。さらに、フェイスブックを利用する中小企業も五〇〇〇万社以上あり、商売をするうえでフェイスブックがいかに重要なツールとなっているかがわかる。

ちなみに、フェイスブックが買収したインスタグラムも、驚異的な速度でユーザー数や広告主の数を増やしている。

さらに、二〇一七年内にはユーザー数が二〇億人に迫り、そうなると世界の四分の一の人がフェイスブックを利用していることになる（**「Facebook 増収増益、ユーザー20億人目前」ITmedia 2017/5/4**）。同年の第1四半期（一～三月）の決算は、売上高が前年同期比四九%増の八〇億三二〇〇万ドル、純利益は七六%増の三〇億六四〇〇万ドルだったという。

世界をつなげたSNS

これほど成功した理由は何なのだろうか。これまでの市場になかった途上国部門、具体的にはアジアやアフリカなどに向けて、積極的なユーザー獲得に乗りだした結果だと言える。

フェイスブックは、旧式のスマホであっても回線速度が遅くても利用できる「フェイスブック・ライト（Facebook Lite）」というアプリを途上国向けに用意している。データ通信量を削減できるこのアプリによって、途上国でもスムーズにフェイスブックを利用することができるようになった。

一方、太陽光を利用して飛行しながらレーザーでインターネットを届けるため、「Aquila（アクイラ）」と呼ばれるドローンを開発してきたが、二〇一八年六月にこのプロジェクトの中止を発表している（ただし、今後も世界にインターネットを届けるというプロジェクトそのものは続けるという）。

多くのユーザーを獲得するには、それ相応の理由と工夫がある。ユーザーが増えれば表示される広告も増え、それにともなってフェイスブックの収入も増える。増えた収入を新規ユーザー獲得のために投資するのだ。

条件つきではあるが、途上国の人々もWi-Fiを利用してネットを楽しめるようになり、フェイスブックを利用してさまざまな地域の人々と交流を行うこともできる。もちろん商業的な目的はあるものの、フェイスブックは世界中の人々を「つなげる」ことに成功したのである。

フェイスブックが人々の自由を奪う⁉

前述のとおり、二〇一九年現在の、フェイスブックの月間アクティブユーザー数は、二二億にも膨らんでいる。この人数は、世界中のどの国家の国民数よりも多い。そして利用者が膨大な数であるがゆえに、フェイスブックにすらコントロール不能になるほどの混乱を生んでいる。

その混乱とは、本書の4章で詳細を論じる「フェイクニュース」が氾濫する場となってしまったこと、そしてその対応がうまくいってないことにある。ここでは別の問題点について取りあげてみたい。

人々を「つなげる」目的で開発されてきたSNSは現在、人々の自由を奪っている。事例のひとつが、難民とスマホの関係だ。世界中で議論が続く難民問題だが、その多くはスマホを所有し、母国の親類や友人たちとフェイスブックでつながっている。

一方、EU（ヨーロッパ連合）では亡命を希望する難民への対処が大きな社会問題となると同時に、難民の受け入れ制限を求める右派が勢力を増している。

ドイツとデンマークは、二〇一七年に移民局職員が亡命希望者のスマホからデータを抽出できるように法を改正。この法により、難民の受け入れに際して、身元調査とともにスマホやフェイスブックをチェックすることが可能になった（**「スマートフォンは亡命希望者の敵か味方か？ 移民規制に動く欧州諸国、スマホのデータ解析を本格化」WIRED 2018/10/28**）。

EUといくつかのヨーロッパの国には「亡命希望者は最初に到着した国で難民申請をしなければならない」と定めるダブリン規約がある。この規約を適用する目的でフェイスブックの履歴やスマホの位置情報を調べれば、最初に到着した国がどこかがすぐにわかる。

亡命希望者としての難民の多くは、ドイツなど比較的裕福な国への受け入れを希望する。とはいえ、地理的な条件から実際「最初に」到着するのは、ギリシャなどの相対的に裕福ではない国となる。

当局に履歴や位置情報を知られないための工夫として、難民のなかにはSIMカードを複数所有することで、所在地情報を操作している者もいるという。ただし、フェイスブックの交友履歴を参照されてしまうとなれば、事情は異なってくる。フェイスブックは難民と母国に残る人々にコミュニケーションの自由を与え、促進する一方、彼らの自由を阻害する要因となってしまったのである。

ここで筆者は、ＥＵの法律や難民の行動の是非を論じたいのではない。ヨーロッパに押しよせた難民とそれを受け入れようとする国々とのあいだには、「人々をつなげる自由なツール」といった、希望としてのインターネットやＳＮＳの世界はないことに注目してほしいのだ。

二〇一一年のアラブの春においては、インターネットやＳＮＳが革命の背中を押したと言われた（その点については反論も存在する）。だが二〇一八年現在においては、むしろそれらが人々の分断をまねく一因でもあることは否定できない。

画像の底力を知らしめたＳＮＳ ～インスタグラム～

ここ数年でもっとも急速に普及したＳＮＳはインスタグラムである。写真が主でテキストが副という、これまでの主要なＳＮＳにはなかったアプローチで開発されたインスタグラムは、若者を中心になぜ人の心をつかんだのか。

二〇一六年三月、福岡県で開催されたイベントに登場したタレントのGENKING。彼女のインスタグラムに関して発言した内容が話題になった（「Googleは使わない、ＳＥＯ対策しているから―Instagram有名人のGENKINGが語った10代の『リアル』」TechCrunch 2016/3/3）。

フォロワーが八四万人（二〇一六年三月当時）のGENKINGにとって、インスタグラムは重要なツールであったと言う。きっかけは美容院で髪をカラーリングした写真を投稿したところ、友人から連絡が殺到したとのこと。それ以来、インスタグラムに写真をアップするための生活がはじまる。

投稿がファッションブランドに注目されたことから、彼女は著名人が集うパーティーに呼ばれるようになる。そして、フォロワーが一万人を超えたとき、韓国のファッションブランドからファッションショーに出演し、その際の写真をインスタグラムにあげてほしいとギャラ込みの仕事が来たと言う。投稿に使う写真には十分配慮しており、多いときには八〇〇枚を越える写真のなかから一枚を選ぶ。プロの仕事である以上、そこまで手をかけるのは当然なのだ。

人々の検索行為がツイッターからインスタグラムに流れてきており、パンケーキ屋のハッシュタグで検索すれば店のオススメ品がわかったり、いまいる街のランチ情報を検索すれば、多くの人から利用されている店が一目でわかったりもする。とくにインスタ映え（写真映え）するファッションアイテムや食品など、いま流行しているものを把握するときに、インスタグラムは強みを発揮する。

さらに記事のタイトルにもなっているが、グーグル（Google）の検索はSEO（検索エンジンの最適化。検索したときにページが上位に表示されるように工夫することなどを指す）などの技術によって、商品の人気度とは関係ない広告が上位に来るなど、リアルではないと考えている若者も多くなっている。もはや商品のネット上での評判は、グーグル検索で情報を得るのではなく、SNSを使うのが中心になってきているのだ。

インスタグラムはＬＩＮＥよりも自由度が高い

二〇一〇年一〇月に始まったインスタグラム。そのユーザーは、二〇一三年二月に一億人を突破。その後も順調にユーザー数を増やし、二〇一八年六月の段階でアクティブユーザー数が一〇億を突破した。それは、二〇一八年一〇月の段階でアクティブユーザー数が三億二六〇〇万のツイッターをはるかに上回っている。

また一部の若者のあいだでは、すでにＬＩＮＥは古いという話になっているようである。女子高生ら若者ユーザーのなかには、ＬＩＮＥはもう古く、インスタグラムをコミュニケーションの手段として利用するケースが見られるという（「『ＬＩＮＥ未読２００件』高校生がＬＩＮＥ離れしてインスタに向かう理由」BUSINESS INSIDER 2017/12/12）。

ＬＩＮＥはスタンプを使った感情表現を可能とし、それが言葉の代替となることで人気を得た。他方、未読や既読がプレッシャーになったり、昨今では学校や保護者のグループなど、嫌でもＬＩＮＥグループに加入しなければならないというケースも増えている。また前述のとおり、スタンプを送るタイミングがむずかしかったりする。

つまり、ＬＩＮＥがインフラ化したがゆえに、ＬＩＮＥとコミュニケーションをめぐる問題が人々に負荷をかけ、つねにスマホをチェックしなくてはならなくなっているのが実情だ。都内のある一七歳の高校生は、基本的にはＬＩＮＥを使わなくなっており、せいぜい「あまり仲良くない子」や、親密ではないが「仲良くなっていたい子」に限り、ＬＩＮＥを利用するという。つまり、表面的な社交の範囲でのみ利用するということだ。

逆に仲のよい友だちとは、インスタグラムのＤＭ（ダイレクトメッセージ）を利用することが多いという。理由は、ＬＩＮＥに見られるような既読／未読のプレッシャーから解放されるからである。

こうしたケースは、あくまでひとつの事例でしかない。とはいえ、インフラ化したＬＩＮＥ＝義務化した返信への反発や、自由なコミュニケーションを求める姿勢は、インスタグラムの人気を加速しているひとつの理由だと考えられる。

ＳＮＳに理想の自分を投影する

ツイッターが人気を博した二〇一〇年代の前半、複数のアカウントを使いわけて利用する作法が若者に注目された。たとえば、ひとりで三つのアカウントを使いわける場合、ひとつ目は本来のアカウント、ふたつ目は趣味のことだけをつぶやく「趣味アカ」、三つ目が少人数だけに公開する「裏アカ」、というかたちで。

複数のアカウントを使いわける背景のひとつに、コミュニケーションの負担から逃れようとする意図が見受けられる。これはＬＩＮＥがインフラ化したときに生じた問題であり、便利さを追求したＩＴサービスが、いつの間にか「義務化」のツールになってしまったことを意味する。ひるがえせば、多くのユーザーを獲得し、インフラ化したサービスには、こうした「義務化」が生じやすいということだ。

他方のインスタグラムは、二四時間で消える動画サービス「ストーリー機能」が人気を博すなど、コミュニケーションの負荷をユーザーにかけないよう工夫している。ちなみに、このストーリー機能は、競合相手のスナップチャット（Snapchat）というSNSが最初にもちいた機能で、インスタグラムはその機能をまねした、と言われたりもしている。

ところで、二〇一七年の「ユーキャン新語・流行語大賞」は「インスタ映え」であった。インスタグラムが世間に浸透するにしたがって、おとなから発せられる紋切り型の言葉がある。それは「なぜそんなに写真を投稿するのかわからない」とか、「他人からよく見られたい」「承認欲求のあらわれだ」という指摘だ。しかし筆者は、これらの声に疑問を感じる。

確かに、インスタグラムに「他人からよく見られたい」という「承認欲求」の側面はあるだろう。だが、たとえば芸能人でもない一般の若い女性が自分の写真を投稿し、それに対して見ず知らずの年配の男性から「かわいいですね」というコメントをもらって、本当に承認欲求が満たされることになるのだろうか。むしろ、うれしくなかったり、場合によっては違和感を感じる（もっと言えば、恐怖を感じる）かもしれない。

見ず知らずの他者とつながることができるのは、インターネットの利点のひとつだ。しかし、昨今のように罵詈雑言《ばりぞうごん》があふれ、すさんだネット社会において、人々はどれだけ見知らぬ他者との出会いを求めているのだろうか。もはや人々は見知らぬ他者との出会いなど、それほど求めていないのではないか。

ならば、何を理由に人々はインスタグラムに写真を投稿するのだろう。理由のひとつには、

SNS上に「理想の自分」を投影する、という意識的・無意識的な志向があるように思われる。若者言葉に「盛る」という言葉がある。「盛る」は、第一に話を大げさに言うこと、第二に髪にボリュームを持たせたり派手にメイクすること、第三に写真や画像を加工したり修正して自分をよく見せる、といったことを意味する。

最近は、もっぱら第三の意味で使われることが多く、「かわいく盛る」とか「この写真、盛りすぎ」といった文脈で利用される。二〇一七年に大流行した写真加工アプリ「SNOW」も、自分の写真に猫耳をつけたり目を大きくするといった「盛る」機能にあふれている。

投稿は承認欲求なのか

インスタグラムもつねに「盛られ」ている。たとえば大学構内で、いつもの退屈な講義を聴いていたとする。そして講義後、人のいなくなった教室の写真を撮り、インスタグラムに投稿する。写真をセピア色に加工し、次のような文章を添える。「♯授業終わった」「♯キャンパスライフ」「♯人のいない教室、なんか好き」。

現実の私はつまらない授業を聴いていただけなのだが、セピア色のキャンパスの写真からは、いましかない学生生活を特別なものとして経験しているような、そんな私がいることになる。現実や日常生活を「盛る」という行為は、普段は温厚な人がSNSでは人格が変わったように強い口調でつぶやくように、リアルな自分とは異なる自分がネット上に存在することを示しているのだ。

このような投稿には、前提として「つまらない日常」があり、そこを「他者が『いいね』を押すような写真とテキスト」で「盛る」ことによって、自分の人生を自分で演出しているようにも見受けられる。

この行為は、承認欲求なのだろうか。むしろ、他者から「いいね」を押されなくても（＝承認されなくても）、「これなら他者も『いいね』を押すのではないか」というような「理想の自分」が演出されていれば、それだけで満足しているようにも思われる。そもそも、実際に「いいね」を押すのは親しい友人が多いのだから（こうした考察は、筆者も頻繁に出演する、ＴＢＳラジオ「文化系トークラジオＬｉｆｅ」のパーソナリティである鈴木《すずき》謙介《けんすけ》が、同番組内で発言した内容に多くを負っている。気になった読者は同番組をぜひ聴いてほしい）。

では、こうした現実を「盛る」のはよいことなのだろうか、悪いことなのだろうか。筆者には、つまらない日常をどうにかして生きぬくための、工夫のあらわれのひとつのようにも思われる。誰かに見られても見られなくてもかまわないという前提で、自分で自分を励ますための日記のようなものとして機能しているのではないか。

それなら日記を書けばいいじゃないか、と読者は思うかもしれない。しかし、近年の情報技術は他者とのコミュニケーションを絶えず要求しており、私たちは他者とのオンラインでのコミュニケーションを意識することなくして、自らの立ち位置を確認しがたくなっている。

また、オンライン上の自分を確認すること自体が、理想の自分に近づこうとしたり、日々のやる気を養うような、ある種の自己啓発的な装置として機能しているのではないか。いずれにせよ、二四時間、三六五日、コミュニケーションで埋めつくされた社会のなかで生きる私たちの姿を、インスタグラムは如実にあらわしているのだ。

知っておきたいインスタグラムと広告の関係

インスタグラムは画像を取りあつかうことから、アパレルや飲食業界など、写真映えする商品の広告にうってつけである。よって企業広告が多く、それがインスタグラムの大きな収入源にもなっている。ツイッターの（おもに）文字を使った広告に対して、インスタグラムの広告が見やすい画像であることは、商業面におけるツイッターとインスタグラムの勝敗を分ける一因にもなっていると推察される。

ところで、世間に対する影響力を持ち、消費者に強い影響を与える人物をインフルエンサーという（アイドルの乃木坂46の曲に「インフルエンサー」があるくらいだ）。このインフルエンサーと広告、そしてインスタグラムはたいへん相性がよい。最近は、「インフルエンサーマーケティング」なる言葉も生まれているように、企業がファッションアイテムや金銭をインフルエンサーに提供し、インフルエンサーがインスタグラムに投稿するような「広告」が増えている。

フォロワーが一〇〇万人を超えるようなインフルエンサーであれば、その影響力は無視できない。インスタグラムを中心に活動する、フォロワーや閲覧数が多いインフルエンサー（厳密にいうと、インスタグラムで活動する人はインスタグラマー＝instagramerと呼ばれるが、ここではインフルエンサーで統一する）には、マスコミに露出している芸能人とは一線を画する人々も含まれる。

むしろインフルエンサーといった場合、多くは既存のテレビタレントなどよりも、ネット上で人気に火が付いた人々を指すことが多い。

テレビやラジオ、新聞、雑誌を利用したマス広告よりも、特定のファンが付いているインフルエンサーがインスタグラムで商品を紹介すれば、企業にとっての広告効果は高い。たとえば、ギャルやゴスロリなどのカテゴリーで人気のインフルエンサーにその種の服を着てもらい、インスタグラムに投稿してもらうことを想像してほしい。マス広告よりも費用が抑えられ、特定のジャンルに特化した強力な広告効果が期待できる。

さらに、フォロワーが数万人規模の「マイクロインフルエンサー」などにも依頼があるのがSNS時代の広告である。テレビで活躍する芸能人でなくとも、一般人と呼ばれる人に企業から広告の依頼が来るのだ。アメリカでは、企業が一〇代の若者に自社製品などの投稿を依頼し、一投稿につき五～二〇ドルの報酬を支払うような試みがはじまっている（**「インスタのDMで依頼！アメリカでは小売りブランドが、10代の子どもにスポンサード投稿を持ちかけている」BUSINESS INSIDER 2018/8/27**）。

だが、こうした依頼に正式な契約書が交わされることは少なく、若者に「広告」という概念がどこまで理解されているのかはわからない。

広告なのか普通の記事なのかがわからない

最近では、インスタグラムの広告に関する問題が浮上している。

ネット上の広告は、一見すると広告かどうかがわからないものが多い。「ネイティブ広告」あるいは「記事広告」といわれる広告は、実際はスポンサーとの金銭のやりとりが発生しているにもかかわらず、一般的な記事の体裁を取っているものだ。

それ自体は悪いものではないが、ウェブページに広告であることを意味する「スポンサード（Sponsored）」の文字を意図的に小さく記載したり、ひどい場合にはそれすら存在しないものもあり、そうした悪質な広告が業界で問題になっている。二〇一二年にネット流行語大賞の金賞となったステルスマーケティング（ステマ）も記事広告の一種だと考えられる（ステマについては、2章でくわしく述べる）。

こうした問題に対して、広告業界では日本インタラクティブ広告協会（ＪＩＡＡ）がガイドラインやハンドブックで対策を呼びかけているが、撲滅することは困難だ。

インスタグラムにおいても、同様の問題が散見される。二〇一七年のアメリカにおける調査によれば、インスタグラムで広告を行うインフルエンサーの多くが、ＦＴＣ（米連邦取引委員会）のガイドラインに準拠していないという（**「これでInstagramのステマがなくなる？『タイアップ投稿』明示する新機能」BuzzFeed News Japan 2017/6/15**）。つまり、一〇代の若者に限らず、広告であることをユーザーに知らせずに企業広告を担当し、それで儲けているインフルエンサーが数多くいるというわけだ。

こうした問題を受けて、インスタグラムには企業からの広告であることを明示する「タイアップ投稿」機能が追加された。だが、ウェブ広告と同じく、インフルエンサーと広告を取りまく問題やステマ問題がそう簡単に解決するとは思えない。

「この投稿は、広告なのか、そうでないのか」。この区別はあいまいである。出版社や友人から著書が献本される。その本を読み、内容がすばらしかったので、自分のブログなどに書評を書く。その書評は広告なのだろうか。芸能人であれば、インスタグラムに投稿する代わりに美容院の料金が無料（ないし半額）になるケースもあると聞く。これは広告なのか。

金銭のやりとりが発生するのかどうかはひとつの尺度だが、実際にはさまざまなケースがあり、何が広告であるのかを線引きすることはむずかしい（PRと広告の差異などもあるが、いずれにせよ一般ユーザーには判別がむずかしいのも事実だ）。だからこそ、そのあいまいな部分を利用して、企業は今後もインスタグラムを広告に使いつづけることが予想される。

また前述の未成年の若者のように、広告と気づかずに（気づくことができずに）商品を広告し、あとからネットで叩かれる、といったケースも考えられる。本人は広告と知らなかったにせよ、そうしたことで「嘘つき」呼ばわりされる若者があらわれてしまうのは残念なことだ。であればこそ、こうした問題はインフルエンサー側ではなく、企業の側に責任が求められるような仕組みを作ることが必要だろう。

スマホと生活する若者たち

将来はパソコンが必要なくなる!?

昨今の若者は、パソコン（以下、ＰＣ）の利用よりも、スマホ利用が目立ってきている。インターンなどでビジネスの現場に立たされたときも、ＬＩＮＥやツイッターのような気軽な文章のままでメールを書いてしまう学生も増えてきた。

さらに、予測変換機能などが充実しており、ＰＣよりも書きやすいとのことで、大学のレポートをスマホで執筆する学生もあらわれはじめている。それゆえに、メールのマナーや書き方がわからない学生も多いという（**「パソコン使えぬ若者世代　卒論もスマホで」日本経済新聞電子版 2014/11/25**）。

こうした事情の背景には、不況の影響で学生がＰＣを買えないことや、スマホが便利になりすぎて、もはやＰＣを利用するメリットがないといった点があげられる。一方、スマホ利用の拡大は、ワードやエクセルの使用といったビジネスで要求されるスキルを持てなくなるという指摘もある。

LINEは、インターネットの利用環境に関して定点調査をしており、二〇一七年の「〈調査報告〉インターネットの利用環境 定点調査（2017年上期）」という報告書がある。

それによれば、主なインターネット環境は「スマホとPCの併用（三九％）」よりも、「スマホのみ（四六％）」の方が多くなった。特に十代は「スマホのみ」が七割に達しており、逆に十代のPC利用者は二五％だという。

この報告書からもわかるとおり、若者がPCに触れる機会は、スマホがある分、一昔前よりも減少していることが推察される。とはいえ、学生を中心とする若者がPCを利用しなくなったことが、どれだけ問題なのだろうか。

ビジネスマナーは本などでも学習可能である。ワードやエクセルなどのソフトは、PCを持っていても必要なければ利用する機会がなかろう。それに、いずれも大学が学生に無料・有料で教えるサービスもある。ならば、PCを買うよりもそうしたサービスを利用するほうが賢明ではないだろうか。

ネット作法と礼儀

PCが使えないからといって、若者を非難する理由はない。それどころか、いま起きている事柄をSNSなどを使ってサーチする能力など、スマホ世代ならではの能力もある。また、時代によってビジネスマナーやネットの作法も変化しはじめている。

昨今は、メールの利用が時間のかかる作業だとしてうっとうしく感じるユーザーもいる。そういうユーザーには、メールよりもフェイスブックやツイッターのメッセージ機能など、気軽にやりとりできるツールが好まれる。あるいは直接電話で話すのがよいという人や、逆に電話は迷惑という人もおり、通信マナーは変化の過渡期を迎えていると考えられる。

もちろん、ビジネスであろうが日常生活であろうが、相手を尊重し、相手に合わせたコミュニケーション作法を学ぶことは重要だ。一方で、新たな時代のビジネスマナーやネットの作法について考えてみるのも重要なことであろう。

少々脱線するが、「礼儀2・0」という言葉を紹介したい。「日本人は礼儀もアップデートできていない。礼儀2・0世代が感じる『相手の時間を奪う』非効率なマナー」（**BUSINESS INSIDER *2018/7/9***）という記事でも提唱されている。

名刺交換のルールやタクシーの座る位置など、日本にはTPOに応じた多くの礼儀がある。たとえば、美容院やアパレルショップなどで、退店する客が見えなくなるまでお辞儀をする店員を見かける。そのような店員を前にすると、「感謝の気持ちは伝わるけど、むしろ悪い気がするので大丈夫です」などと思うのは筆者だけではないだろう。

記事で登場する電子書籍『礼儀2・0』（マッハ新書）の著者・GOROmanは、そのようなかたちで感謝を表現する礼儀を古いものとし、「相手の時間を使わせない」ことこそがこれからの礼儀、すなわち「礼儀2・0」だと位置づけている。礼儀1・0は「相手のために自分がいかに時間を使ったかに価値がおかれる」。一方、礼儀2・0は「いかに相手の時間を奪わないか」を重要視する。

たとえば、仕事相手と直接会うことなく、メールやSNSでやりとりを済ませたり、ビジネススーツを着用せず、気楽なスタイルで臨むことこそ、相手に余計な時間を使わせないことだと言うのだ。もちろん、失礼なことをしてもいいというわけではない。直接会う場合は、相手の好みを調べたり、その人が好きそうなTシャツを着る、といった気遣いは必要だ、ともGOROmanは言う。

この礼儀2・0を読者はどう思うだろうか。筆者には、むしろ「その人が好きそうなTシャツ」を着るというような気遣いに負担がかかるからこそ、礼儀1・0のごとくお互いにスーツを着ることで負担を減らそうとしていたのではないか、とも感じられる。礼儀とは、そもそもめんどうな摩擦係数を減らすための工夫だとすれば、礼儀1・0であろうが2・0であろうが、ともに目指している地点は共通している。

重要なのは、硬直化した礼儀を見直すことであり、その意味では新しい礼儀が求められている、ということだ。とはいえ、あらゆる人が納得できる礼儀はもはや存在しがたくなっている。また、礼儀作法のよし悪しを「若者だから／年長者だから」という二項対立で考えることもできない。

タブレットを使いこなす生徒たち

東京都渋谷区は二〇一七年度から、区立小中学校の全生徒と教職員に対して、各一台のタブレット端末を、持ちかえりを含めて貸しだすと発表した（**「東京都渋谷区が全小中学生に持ち帰りＯＫのタブレットを貸与、その活用法は？」マイナビニュース 2017/2/15**）。

持ちかえったタブレットは、ＬＴＥ回線で家でも利用できる（ちなみに、ＬＴＥとは携帯電話用の通信回線を利用してインターネットに接続する規格で、無線ＬＡＮの一種であるWi-Fiとは異なる）。利用対象は、区内の小中学生約八〇〇〇人と教職員約六〇〇人で、採点機能が付いた「デジタルドリル」などを使って苦手分野の克服を目指す。

ネットへの接続は二二時までとするほか、閲覧制限機能を付けるなど、生徒側のトラブルを可能な限り避けるような工夫をほどこす。また、教員の側も指導記録や資料などを保管・共有することが可能となり、生徒一人ひとりの指導や管理がしやすくなるのが特長だ。家庭間の経済格差が社会問題とされるなかで、どのような家庭の生徒も早い時期からタブレット端末に触れられる環境が整うことは、喜ばしいことだといえよう。

こうして学校教育にＩＴ機器が導入されるような状況は、今後も進められることが予想される。スマホやタブレットは受験対策にも使われていることから、ＩＴと学習はますます密接な関係になる。

小学生から高校生を対象とする、ネット環境があればいつでもどこでも講義を見たり問題集を利用できる「スタディサプリ」を使う生徒もいる。月額で利用料を払うと「授業受け放題・問題解き放題」となる。また、ユーチューブ（YouTube）には高校で習う授業解説動画や受験対策用の解説動画がアップされており、場合によっては学校の授業よりも優れたものが、無料だったり格安で利用できる。

テスト向けの勉強なども、下手に参考書やノートを見るよりネットで検索したほうがよりわかりやすい解説があったり、ひっかけ問題などはネット情報のほうが参考になると、ある一七歳の女子高生は述べている（**「『ネットがない頃ってどうやって勉強してたの？』　女子高生が語る、今どきのテスト勉強法」　ねとらぼ　2018/3/21**）。

もちろん勉強するとき、とくに情報をまとめるときには紙に書くほうがよいと言う人もおり、そうしたケースは確かに存在する。その意味で、何でもＩＴが優れているわけではない。だが、前述の女子高生が述べるように、今後はスマートスピーカーなどを使って、まちがえた問題を定期的に出題するようなサービスが求められているようにも思われる。

実際、個人の学習データを分析することで、忘れそうになったころに英単語の意味を問うようなサービスがあれば、英語の学習効率は格段に上がるだろう。

スマホを使って勉強する生徒

二〇一七年に調査会社のMMDLaboが、オンライン学習塾「アオイゼミ」を利用する一二～一八歳の男女二七二一人を対象にしたインターネット調査の結果を発表した。調査によれば、スマホを勉強に活用しているのは中学生で九一％、高校生で九二％にのぼるという。

スマホ利用法のうち多かった回答は、「わからない問題や単語の検索」や「ユーチューブなどで問題の解き方や授業を視聴」というものであった（**「中高生の9割、スマホ使って勉強　『YouTube**

で問題の解き方見る』」ITmedia 2017/12/18）。

あえていえば、ネットの解説動画は、教えるのが上手でない教師による授業よりもわかりやすい。また、無料で公開されているのだから、ユーザーにとってはありがたい。さらに、友人たちとLINEの通話機能を使って、勉強に関する情報交換もできる。

前述の一七歳の女子高生は記事で、ネットを利用した学習にも問題点があると指摘している。友人たちと通話すると、気づけば勉強から雑談に移行していることがあり、時間を浪費してしまう。とくに会話の人数が増えるとそうなりがちであるという。だから、勉強目的で通話する際の相手の数は二人までにしているという。

このように見ていくと、現状ではスマホを使うときは、学習アプリの隣に見えるゲームアプリのボタンをタップしたくなる欲望にどう抗うかが課題と言えるかもしれない。他方、スマホが目の前にあると、単純作業にかかった時間がスマホがない場合にくらべて一・二倍かかったという研究を、北海道大学の河原純一郎《かわはらじゅんいちろう》特任准教授らが発表した（**「スマホだけで気が散る！使わなくても判断に影響」産経ニュース 2017/1/14**）。私たちはスマホがあるだけで、目の前のことに集中するのがむずかしくなってしまう、ということだ。

スマホやタブレットは勉強効率をアップさせる一方、それは同時に集中力を奪いやすく、またゲームやSNSへの欲望を喚起し、勉強時間を奪ってしまうことにもなりかねない。

スマホは学習の味方なのか敵なのか。その判断はむずかしい。フランスでは二〇一八年九月から、法律によって小中学校におけるスマホの利用が禁止された。ブランケール国民教育相が現代はスマホ中毒現象がはびこっていると指摘するなど、スマホの悪影響を懸念してのことである（**「フランス、小中学校でスマホ禁止の法案可決　9月から実施」CNN 2018/8/1**）。

フランスはほかにも、仕事の時間以外に業務メールの送受信を禁止する法律もある。法的拘束力はないものの、法律による一定の抑止効果が期待されている。「つながらない権利」とも呼ばれるこの法律は、人々がインターネットに拘束されていることに対して明確に反対するという、フランス政府の意志が感じられる（**「メール禁止はつらいよ　バカンス大国フランスの『つながらない権利』険しい道のり」朝日新聞 GLOBE＋ 2018/11/6**）。

いずれにせよ、学習内容をデータ化することで、スマホやタブレットを利用するという前提で個人に最適化された勉強方法などが、今後はさらに考案されていくだろう。それでも、できるだけスマホは遠ざけるべきなのか。結論はいまだに出ていない。

スマホの規制はできるのか

ネットの利用は制限したほうがよいのか。兵庫県議会のネットに関する取り組みを紹介する（**「『親だけにまかせておけない』？子供の脱スマホ依存で〝強権発動〟全県民に義務、全国初条例の是非」産経ニュース 2016/3/10**）。

兵庫県議会は、子どものスマホ依存を防止するために、保護者だけでなく、学校や事業者などすべての県民に対して、子どものネット利用に関するルール作りの支援を義務づける青少年愛護条例改正案を、二〇一六年二月に県議会の定例会に提案した。

保護者以外に子どものネット利用に関するルール作りの支援を義務化するのは全国初であり、家庭の問題に行政が介入することに対する賛否があった。条例は同年四月一日に改正され、「義務化」が実施されることになる。

二〇一五年に兵庫県が県内の小中校生約三〇〇〇人を対象にして行った「青少年のインターネット利用に関する実態調査」では、全体の二二%が一日四時間以上ネットを利用しており、六・四%には依存の疑いがあることがわかった。

兵庫県多可町《たかちょう》が展開する「夜九時以降SNSやりません運動」は、夜になるとLINEやツイッターの利用を子どもにやめさせる取り組みだ。また、その前年には愛知県刈谷《かりや》市が、市内の小中学校と保護者が連携して、午後九時になると保護者が子どものスマホや携帯電話を預かる取り組みをはじめている。

はたして、子どものスマホ利用を制限するような行政による「教育的介入」は、許されるのだろうか。専門家の多くは、注意喚起としては重要だが、条例化には否定的だという。確かに、スマホ利用によってさまざまな弊害が出ているが、かといって行政が家庭に介入するような条例化は、子どもたちの「スマホを触る自由」を侵害しているとも考えられる。

スマホ依存といわれる一方で、友人とコミュニケーションしたい、あるいは友人が使うから「使わなければならない」と感じ、いやいやスマホを使う子どももいる。条例によって強制的にスマホが使えなくなれば、使いたくても使えない環境が整い、スマホから解放される子どもには歓迎されるかもしれない。

だが、規制が義務化されたところで、かならず抜け道はある。禁止時間でも利用できる方法を誰かが考えだせば、すぐに生徒のあいだで広まることになるだろう。おとなは、スマホに触りたくて仕方がない若者の力を見くびってはいけない。未成年の欲求は、おとなが思う以上に強く、純粋なものだ。

本来ならば、保護者と子どもが相談したうえで、スマホ利用のルールを家庭ごとに決定するのが理想的なのだが、それがうまくいくとは思えない。

最近になって、スマホ利用に関する問題の解決策が、スマホの提供者側から発表された。アップル（Apple）のiPhoneでは、二〇一八年九月に公開されたオペレーションシステムiOS12から、「スクリーンタイム」という「どれだけスマホを利用したかがわかる機能」が追加された。この機能を使えば、設定した時間以降は特定のアプリを使えなくなるようになったり、特定のアプリの一日あたりの使用時間の上限を設定できる。

そのような機能を使わなくても、週に一回、一日平均何時間スマホを利用したかが通知されることから、筆者も毎週確認して参考にしている。

自分の意志でスマホから離れられないなら、あらかじめ自分の意志でスマホ利用時間をせばめてしまえばいい。これは、「自分の意志」では起きられないから、目覚まし時計で起きる時間を「自分の意志」で設定するのと同じことである。根本的な解決策ではないものの、リテラシー教育としては有効だ。

生徒たちはスマホとのうまい付きあい方を模索しているようだ。そして、生徒がスマホを利用する場合には、スクリーンタイムなどを使って勉強の利便性を追求することが大切である。また、サービスの提供側が生徒のスマホ依存を防ぐような技術を模索していくことが望ましいだろう。

一〇代とネット社会

毎日手にとって眺めるスマホの影響で、夜になっても眠れない子どもが増えているという。二〇一五年に発表された「睡眠を中心とした生活習慣と子供の自立等との関係性に関する調査の結果」という文部科学省の調査結果を見てみよう。★

スマホと睡眠

二〇一四年一一月に小五〜高三の男女に行った調査では、約二万三〇〇〇人の有効回答が得られた。それによると、寝る直前までスマホなどの情報機器に触れることが「よくある」と答えた割合が五一・六%となった。この数字は高校生では六割を超える。また、一日二時間以上スマホを使う割合は全体の二一・九%で、高一〜高三では三割にのぼる。

ただでさえスマホを使用することで睡眠時間が減るばかりか、睡眠を促す物質のメラトニンを飛ばす効果のあるブルーライトを、スマホやＰＣのスクリーンが発することも、子どもの睡眠時間減少の一因となっている。日本人は、世界的に見ても睡眠時間が少ないことでよく知られているが、スマホはいままで以上に私たちの睡眠時間を奪いかねない。もちろん、これは子どもだけの問題ではない。

対策としては、ブルーライトをカットするメガネをかけたり、夜はスマホをベッドから遠ざけるといったものがある。だがスマホを枕の横に置いて、目覚まし代わりに利用するユーザーも多い。そうした利便性を考えれば、スマホを近くに置きたくなるのも事実だ。

スマホのアプリは優れたものも多く、枕の横に置いておくことで、寝返りの数などからユーザーの睡眠の質を調べ、設定した起床時間の三〇分ほど前から、一番起きやすい時間に目覚ましの音楽をかけるものなどもある。こうしたアプリを利用することで、ユーザーは自分の睡眠の質を理解できる。これでは、ますますスマホを手元に置くことに「意義」が見出だされる。なんとも悩ましい状況である。

スマホは犯罪の温床になっているのか?

一方、二〇一四年に文部科学省が作成した『スマホ時代の君たちへ』という高校生向けリーフレットは、生徒のあいだに広まる「リベンジポルノ」の問題について言及している（『スマホ時代の君たちへ』文部科学省、高校生の啓蒙リーフレット作成　リベンジポルノの心理を漫画で解説」The Huffington

★くわしくは文部科学書のサイトを参照→http://www.mext.go.jp/a_menu/shougai/katei/1357460.htm

Post 2014/3/28）。

リーフレットには、気軽に恋人と裸の画像などをやりとりしたが、別れたあとに元交際相手がSNSなどに画像をアップする「リベンジポルノ」に関する注意喚起が書かれている。ほかに、SNSを使った出会いの危険性やゲームアプリへの高額な課金についての記述もある。

このように書くと、スマホが危険に満ちあふれているようにも思われるかもしれない。とはいえ、通信機器や情報環境は、スマホが登場する前から似たようなリスクをともなっていた。ガラケー時代にも出会い系サイトの危険が叫ばれており、固定電話の時代でさえ、ダイアルQ2を使った際の高額請求が問題になった。つまり、通信機器を媒介にした、（とりわけ）若者が遭遇する危険については、つねに議論されてきた話題なのである。

しかしながら、スマホ時代になってから危険の度合いが、さらに色濃くなってきているのも事実である。

周知のとおり、インターネットに一度アップされた画像は半永久的に残る可能性が高く、それが性的な画像である場合は、被害者に大きな影響を与えてしまう。また、ツイッター上に未成年が飲酒する写真をアップしたり、アミューズメント施設の乗り物に乗って危険行為を自慢する写真をツイッターにアップする者が、ネットでは断続的に登場し、話題になる。不適切な投稿であるがゆえに、投稿者の身元を探し、実名とともにネット上にさらす者もいる。

二〇一九年二月には、アルバイト従業員が飲食店の厨房やコンビニの店内でいたずらを行う動画がいくつか拡散された。いたずらをした当人の責任が追及されるのはもちろんのこと、彼らの職場である企業のダメージも大きい。自業自得の側面はあるものの、一度の過ちによりネット上にその痕跡が残ってしまえば、就職活動などその後の人生設計に大きな影響が出る。

近年のSNSでは、画像や動画などで身近な出来事を気軽に投稿することがブームになり、推奨されている。そうした環境が当たり前となった時代に、若者にSNSの危険性を説くことは重要ではあるが、それだけで問題を完全に根絶するのはむずかしい。かといって、スマホの使用を制限しようとすれば、親子のあいだに軋轢《あつれき》を生んだり、友人とのコミュニケーションをさえぎることになってしまう。

アテンション・エコノミーとネット社会

便利なスマホは、便利であるがゆえに私たちの思考力を奪いかねないという研究結果については、すでに述べた。さらにスマホの問題点を付けくわえるならば、「アテンション・エコノミー」(関心経済とも呼ばれる)について語る必要があるだろう。

アテンションとは、英語で「注目」を意味する言葉だ。駅で売られるスポーツ新聞の過激な見出しについ目が行ってしまうように、スマホの先にある「非日常」な風景や、友人の動向などを、私たちはつねに気にしてしまう。アテンション・エコノミーとは、そうした人々の関心を引くことで成り立つ経済概念を意味する。

SNSは、二四時間三六五日が「お祭り」だ。過激な言説が流れ、有名人が毎日生放送を行い、渋谷に行かなくても、スマホの先で何十万人のユーザーとともに盛りあがることが可能なアプリも多い。そうやって私たちがSNSを長時間利用したり、生配信の動画を視聴することで、ＩＴ企業は広告収入や物品販売（の手数料）による収入を得る。ユーザーがスマホを通じてSNSやアプリを利用すればするほど、企業は儲かるというわけだ。アテンション・エコノミーは、そのために利用者の注意を惹くような仕掛けや構造を日夜、作りあげている。

それが悪いとは言わない。だが、外の景色を見たり、昨日話した友人との会話の内容を思いだしたり、自分の将来について考えるなど、あえてスマホを使わずにいると、別の考えや感覚が生じることもある。そう考えてみると、スマホに振りまわされているような気がして、何だかさびしい気持ちになることもある。

さらに、現代社会は毎日のように自分を輝かせることが奨励される。美容、ダイエット、健康、そして毎日をいきいきとがんばる私……。しかし、それはある意味で、そのような欲望を喚起させせられているとも言えるだろう。つまり私たちは、アテンション・エコノミーが優勢な、自分のことを企業に「考えさせられる」社会を生きている。にもかかわらず、現代社会は逆説的にも、「自分に関わること」が困難な時代になってきている。

美容もダイエットも資格試験も重要だろう。しかし、自分はもともと何をしたかったのか、といった、答えのない、だが時に人生にとって重要な問いに接する時間を許容しがたくなっているのが、現代社会のひとつの特徴だ。

あらゆる情報を摂取し、日々を前向きに生きることは大切だ。しかし、そのために私たちは大量のモノや情報を購入する。それでも物足りない、あるいは商品経済圏が拡大しないため、シェイプアップから自己啓発まで、自己への（終わることのない）投資が私たちを待ちかまえている。ＳＮＳ時代のアテンション・エコノミーとは、モノから（自己投資を含めた）情報への欲求と資本主義のつながりの、延長線上に位置する現象なのである。

意志を持ってスマホから離れよう、という意見をよく聞く。とはいえ、アテンション・エコノミーという構造で企業が儲かる以上、利用者がスマホから離れられなくなる仕組みはますます精緻になっていくであろう。その構造を無視して、スマホとの向きあい方を一人ひとりの意志だけに頼るのは、酷ではないか。

だとすれば、スマホから距離を置く技術の向上と同時に、よりよく自らを問いなおす時間や、その代替物を創造するための技術を、私たちは求めるべきなのだ。

若者は何を信頼しているのか

スマホの利用が増えるなかで、若者は情報とどのように関わり、どれだけリテラシーが高まっているのだろうか。

イギリスの情報通信庁 Ofcom による、五〜一五歳を対象としたメディア利用に関する調査結果が二〇一五年一一月に発表された。タイトルは「Children and Parents : Media Use and Attitudes Report（子どもと親：メディアの利用と態度に関するレポート）」とあり、二二〇ページを超える大作だ。

好んでテレビを見ると答えた一二〜一五歳の子どもが二一％なのに対し、ユーチューブを好んで見ると答えた子どもは二九％と、同調査では初めてユーチューブの比率がテレビを上回った。また、情報を知るためのツールとして、ユーチューブがもっとも信頼性が高いと考える未成年者が、二〇一四年の三％から八％に増加したという（**「『インターネットはすべて正しい』―危険な10代の情報リテラシー」CNET Japan 2015/12/5**）。

グーグルで検索をすると、最初に表示されるものの多くは広告だ。多くの人がそのことを知っているが、一二～一五歳の約七〇％は、検索結果として一番上に表示されるものが広告であることについて理解していないという結果が出た。ほかにも、ネットの利用時間が増加していることが指摘されている。

若者がネット情報の信頼性を適切に理解していない、という点についての調査は多い。アメリカのスタンフォード大学が二〇一六年に、中学生から大学生の七八〇四人を対象にして行ったメディアリテラシーに関する調査結果を見てみよう（**「ネット情報の信頼性、10代の多くが判断できず米大学のメディアリテラシー調査」ねとらぼ 2016/11/23**）。

中学生向けのアンケートでは、ニュースサイトの記事を読ませ、それが「記事」か「広告」かを問うたところ、八〇％の子どもが記事広告を一般記事だと答えた。一見すると一般記事のようだが、実際は企業からの金銭が発生している広告（ネイティブ広告や記事広告と呼ばれる）については、日本でも問題になっている（くわしくは三二頁を参照）。

ほかにも、デジタル加工によって「折り曲がったように見えるヒナギクの写真」をオンライン画像共有サイトに掲載し、それが本物であるかどうかをアメリカの高校生を対象に問うた調査がある。画像のタイトルは「Fukushima Nuclear Flowers（福島の核の花々）」。つまり、福島の原発事故および放射能の影響で花が変異したというのだ。

日本で暮らす人であれば、憤りを感じつつ、その画像がおかしいものだと思う人は多いだろう。一方、アメリカでは福島が縁遠いのか、四〇％の高校生が画像の花を本物と認識したという調査結果が出た。画像をよく見れば、投稿者の名前が単語の羅列で、ひと目でそれが匿名であることがわかる。また、ほかの花と比較した写真や撮影場所・日時の記載がない。つまり、信憑《しんぴょう》性に欠けている画像なのである（このように、何が本物であるかを見分けるためには、投稿者の身元を保証する名前や、写真であれば日時の記載などの有無が重要となる）。

この調査結果からは、ネットに漂うあまたの情報について、その内容を適切に理解することが困難であることがうかがえる。もちろん、これは若者に限ったことではない。ネットに触る機会が少ない高齢者は、その経験から若者よりも判断できることも多い。しかし、逆にネット特有の仕組みや構造を理解していない場合、判断をあやまることもあるだろう。

筆者もまた、すべてを適切に判断できるなどとは思っていない。

若者のスマホの利用は、吉と出るか凶と出るか

前述のように、スマホは勉強に活用できる便利なツールだが、気づかぬうちに勉強以外のことで利用してしまいがちにもなる。よって、スクリーンタイムのような機能を使うことで、スマホが自分の味方になるように自分の意志で設定を行ったり、可能ならば保護者と使い方につ

いて話しあうことも重要になるだろう。

いずれにしても、議論の大前提として、現代社会を生きていればスマホに触らない環境を作ることなどほぼ不可能であるばかりか、スマホが使えない状況はさまざまな意味で致命的であるともいえる。

「隔離より免疫」――。ＴＢＳラジオ「荒川強啓デイ・キャッチ！」の金曜コメンテーターをつとめる社会学者の宮台真司がもちいる表現だ。すなわち、若者をスマホから遠ざける（＝隔離）のではなく、スマホが手放せないからこそ、使いこなせるだけの能力と、誘惑や欲望への抵抗力をつける（＝免疫）ことが求められているように思われる。

さらに、こうした対策に関連する言葉として、昨今は「デジタルウェルビーイング（Digital Wellbeing）」という言葉が使われている。ウェルビーイングとは幸福を意味するが、デジタル技術と私たちの関係において幸福を追求する、といった意味でもちいられる。

アップルのスクリーンタイムのほか、グーグルも同様のサービスを展開するなど、ＩＴ企業の二大巨頭がともにデジタルウェルビーイングを推進している。現状においては、デジタル環境（スマホ）と距離を取るためにこそ、デジタル技術が使われるという状況が存在している。

デジタル技術は利便性の追求だけでなく、本来人間の幸福にとって有益なものを目指すものでなければならない。デジタルウェルビーイングとは、今後のデジタル技術を考えるうえで、非常に重要な概念なのである。

さらにこうした技術は、企業優先の価値観ではなく、ユーザーの意思が尊重されていることに特徴がある。スクリーンタイムのような技術は、ユーザーの意思を尊重し、ユーザーベースで技術が開発される。アテンション・エコノミーのような企業主導のビジネスでは、どうしても企業の論理がユーザーの幸福に優先されてしまうが、今後はユーザーベースの技術開発が望まれる。

勉強も友人関係もスマホからはじまる

若者とネットとの関わりという観点から、ネットが学校のあり方に影響を与えた事例について考えてみたい。二〇一五年に話題になった通信制高校がある。カドカワが運営する「N高等学校」(以下、N高)だ。

授業や課題提出がネット経由でできる高校

通信制高校にネットの力を応用しようとしたのは、出版や映画などの事業を展開するKADOKAWAとニコニコ動画などで有名なドワンゴが経営統合してできた持株会社「カドカワ」。N高は、学校教育法第一条に定められた高等学校であり、全日制高校と同じ卒業資格を得ることが可能だ(**「角川ドワンゴ学園『N高等学校』2016年4月開校へ―生徒の興味重視、大学受験も支援」CNET Japan 2015/10/14**)。二〇一五年には「設置認可申請中」だったが、二〇一六年四月に開校している。

　N高の「N」については、NewやNeutral、あるいはNextなど、さまざまな意味が込められている。そして、N高の最大の特徴は、授業や課題提出がネット経由でできるところにある。また、通常科目のほかにも「プログラミング」や「文芸小説」「ゲーム」「アニメ」「美容」といった授業があり、講師陣には業界のトップランナーが集う。つまり、高校生でありながら、プロから技術や技能に関する手ほどきを受けられるのである。

　カドカワには、グループ会社にニコニコ動画で有名なドワンゴがあることから、ドワンゴのイベントである「闘《とう》会議」が課外活動になったり、「ニコニコ超会議」が文化祭となるなど、ユニークな点も多い。

　N高には、初年度となる二〇一六年に一五〇〇人ほど入学し、入学式はVRヘッドセットを付けて行うなど、話題となった。翌年の入学生は二〇〇〇名を超え、入学式ではマイクロソフトの最新ホログラフィックゴーグル「ホロレンズ」を使って、バーチャル上に登壇した校長の祝辞を生徒が聞くなど、最新技術を使った試みを活発化させている。

　注目すべきは、生徒向けの課外授業として使われていた、大学受験やプログラミングの教材を含む、授業を行うための双方向型学習アプリを、二〇一六年七月に一般開放したことだ（**「N予備校の大学受験授業を公開生放送」ニコニコインフォ 2016/7/14**）。アプリ名は「N予備校」。アプリをとおして授業に参加できるが、ニコニコ生放送でも放送される。授業中に生徒が書きこみで講師に質問をして、生徒同士がコメントのかたちで内容について相談しあうことも可能だ。

さらに、スマホ向けに最適化された参考書が利用できるなど、スマホを使った学習という意味において、効率のよい方法で勉強が可能になるという。とくに、アニメやゲームなどの領域を学ぶ際には、すぐにネット接続できるスマホを持っていれば授業環境が整う。N高の生徒だけでなく、スマホを持つ子どもたちの学習意欲を喚起するという意味においても、有益な仕組みだといえるだろう。

日本人の多くは、授業中に手をあげて教師に質問するのが苦手なのではないか（筆者もそのひとりだ。少なくとも自分の中高生時代はそうだった）。しかし、ネットをとおした授業では、チャットのような形式で生徒と教師、そして生徒同士が授業内容について話しあえる。そのような場を構築することには、大きな意味があるだろう。

アプリで授業が垂れながされるだけならば、勉強に集中するのはむずかしい。自分を自分で律することはむずかしいのだ。

だが、画面に教師だけが映っているだけでなく、コメントをとおして多くの仲間たちが活発に発言できるのだとしたらどうだろう。隣にクラスメイトがいながら、コミュニケーションが許されないリアルの教室よりも、生徒にとっておもしろく学習できる場としてアプリが機能することもあるだろう。

ストレスの原因とSNS

ところで、昨今の社会は「高ストレス、低希望社会」と呼ばれて久しい。誰もが不安を抱えており、日々の不安と戦うことが義務づけられているようだ。

そのような社会は、人々の精神に大きな負担を与える。幼少期からネットやスマホに触れて育った世代は、つねにSNSなどをとおして他者との「つながり」が前提となった社会を生きている。そのつながりが生活を豊かにする反面、ストレスの原因になっていることも明らかだ。

若者がもっともストレスを抱えやすいもののひとつが、LINEとの向きあい方だ。そんななか、二〇一七年にはLINEが無料で小中学校に出張して授業を行っていることが話題となった（**「LINE『無料出張授業』に依頼が殺到する理由」東洋経済オンライン 2016/12/31**）。

「まじめだね」「おとなしいね」「一生懸命だね」「個性的だね」「マイペースだね」。読者には、この五つの言葉のなかで、他人から言われると嫌な言葉があるだろうか。普段のコミュニケーションでもよく使われる言葉だが、これらの言葉が人を傷つけることもある。LINEは基本的に文字情報でコミュニケーションを行うもの。小中学生であっても、利用する言葉が相手に与える印象に敏感でなければ、LINEによって思わぬことで友人を傷つけてしまったり、望まない仲たがいの原因になりかねない。

そこでLINEは、静岡大学の塩田真吾《しおたしんご》准教授とともに二〇一四年から共同研究を開始。翌年には「基本編」「悪口編」「写真編」「使いすぎ編」などの教材を発表し、以降も「リスクの見積もり編」や「マンガ編」と教材を追加している。同時に教員向けセミナーやLINEで研修を受けた講師を学校に派遣する体験型授業をスタートさせ、二〇一八年には年間二五〇〇回にのぼる出張授業を行っているという。

ところで、読者もこんな経験をしたことがあるのではないか。LINEでメッセージを送ったが返事が来ない。それは「既読スルー」なのか、「未読スルー」なのか（自分から発したメッセージを読んだのか、読んでいないのか）。このように、返信が来ない理由だけを考えても、既読か未読かに気をもみ、追加のメッセージを送るかどうかを考えてしまう。さらに「あえて」未読のままにしているのではないかと疑い、なぜ相手はあえて未読のままにしているのか、と考える。

まるでチェスや将棋で次の一手を探すように、私たちは他者が発したメッセージに対してさまざまな意味を読みこみ、解釈してしまう。いや、発せられたメッセージだけでなく、「未読」という発せられないメッセージにさえも、何らかの意図を読みこんでしまうのだ。

こうした複雑なコミュニケーション環境を生きていることを、私たちは忘れてはならない。友人関係に人一倍敏感な時期である一〇代の生徒にとって、いま述べた複雑なコミュニケーションは、胃が痛くなるような環境だといっても過言ではない。

そんなに苦痛なら、LINEなんてやらなければいいじゃないか。そう考える読者もいるだろう。しかし、それは無理な話だ。

LINEから脱退したらどうなるか。一昔前にいじめの対象になったような、昨日のドラマの話も音楽番組の内容もわからないクラスメイトどころの話ではない。「あいつはノリが悪い」とか「友だちなんていらない」などと、LINE（やSNS）から降りるということ自体が、ある種のメッセージとしてクラスメイトに受けとられてしまいかねない。

コミュニケーションを学ぶ場としてのＬＩＮＥ

ＬＩＮＥから降りようと思った瞬間、その子どもの頭のなかでは次のような事情が脳裏によぎる。降りたらクラスメイトは自分について分析しはじめ、最悪の場合、クラス全体からのけものにされてしまうかもしれない、と。コミュニケーションが複雑化した結果、いくつもの「負」の可能性が頭のなかをかけめぐり、自分自身を追いつめていく。これを書いている筆者も、もし自分がいま中学生だったら、いま述べたような「考えなくてもいいようなこと」を考え、自分で自分を苦しめているのかもしれない。

スマホもＳＮＳもなかった筆者の中学校時代でさえ、少なからず人間関係については細かく、過剰に考えており、おとなになってもその状況はそれほど変わっていない。

ようするに、現代社会はコミュニケーションにまみれた社会であり、他者を傷つけやすく、自分も傷つきやすい社会、ということだ。だからこそ、七〇〇〇万を超えるユーザーを持ち、すでに公共財として見なされるＬＩＮＥにとって、コミュニケーションに関する諸問題は他人事ではない。いや、情報のプラットフォームを運営するものとしての責任は、限りなく重い。

学校で教師が行ってきた「ＬＩＮＥの使用法やトラブルに関する授業」の多くは、トラブル事例を紹介するなどして、「自分が嫌なことは人にしない」などと啓発する内容が多い。そうしたものは重要であるが、「またか」「知ってるよ」などと思われ、多くの生徒の心に響かないこともある。

一方、LINEの講師派遣型授業は、実際に起きた事例のケーススタディをとおして学ぶものが多く、生徒同士で話しあってもらうことに焦点が当てられている。「リスクの見積もり編」という教材は、数人や大人数のグループ会話などの実例を見せたうえで、そのあとの展開について予想させる、といった具体的なものだという。

前述の「まじめだね」「おとなしいね」「一生懸命だね」「個性的だね」「マイペースだね」といった言葉が、どんな状況で誰が誰に発したのかによって、場がなごむのか炎上するのかを生徒自らが考え、予想する。ここでさまざまな予想が出そろうわけだが、生徒は友人たちのさまざまな意見を目にすることで、人によって感じ方が異なるということを体感することになる。

LINEは、その場その場でポンポンと会話が流れることもあり、やりとりに速度が求められる。その結果として、言葉を練りあげる余裕がなくなってしまうこともしばしば生じる。そうした環境のなかで、あるメッセージを他者がどう受けとるか。少なくとも、受けとり手の一人ひとりに差異があることに気づくことだけでも、生徒にとっては貴重な体験であろう。

スマホやSNSの講習といえば、迷惑メールや詐欺、出会い系など、ネットに関わるトラブルを防ぐための講習が思いうかぶ。こうした講習も非常に重要な一方、生徒の苦しみの源泉には、大好きで大切な友だちとの「コミュニケーションの方法」といったものが存在し、その方法を実用的に伝授するような講習も必要なのだ。

2

あらゆるものは
配信され、
広告になる

～ネットで遊ぶときに知っておきたい５つの話～

ネットで遊ぶツールが画期的な進化をとげている

世界をリードする無料の動画と有料の動画 ～ユーチューブとネットフリックス～

ちょっとした動画はユーチューブで観て、ドラマや映画はネットフリックス（Netflix）などの有料サービスで観る。そんな動画の見方をしている読者もいるのではないか。

現在、無料動画を提供するユーチューブは、趣味の領域を超えて、社会的な影響力を持つにいたっている。一方、有料動画の世界では顧客の争奪戦が起きており、それゆえに各社からは優れたオリジナル作品が提供されるようになった。

ここではユーチューブとネットフリックスに注目し、いま動画の世界で何が起きているのかを検証する。

動画の倫理基準を民間企業が決めている

ユーチューバー（Youtuber）なる言葉がすっかり定着した二〇一九年。

ユーチューバーの収入源は、再生回数を軸とした広告収入が主なものであることは、読者の多くも知っているだろう。実際には、動画を見たうえで広告をクリックしたかどうかによって評価されるなど、広告料をもらうためのルールがいくつかある。

とはいえ、再生回数は大きな意味を持っている。収入の増減のみならず、何人に観られたのかは、ユーチューバーにとってのステイタスとなるからだ。

まず、ユーチューバーの収入原理と広告料のレート低下について見てみよう。二〇一五年一月に公開された動画で、ユーチューバーのシバターが広告料について言及している（**「広告料レート急降下で収益が激減 Youtuber も「格差社会」へ？」ライブドアニュース 2015/1/9**）。

「一再生〇・一円」だったものが、二〇一四年一二月以降、一再生あたり〇・〇二五～〇・〇五円に落ちているとシバターは言う。要は、ユーチューバーが増えつづける一方、収益率は下がっていったという話である。

二〇一五年といえば、現在も人気のユーチューバーであるヒカキンなどがテレビCMに登場するなど、日本でもユーチューバーがにわかに注目された時期だ。

ユーチューブがユーチューバーに支払う広告料については、二〇一九年現在でもさまざまな指標がある。実際、前述のとおり広告のクリック率などが考慮されるので、具体的な数字はそれぞれのユーチューバーにしかわからない。少なくとも二〇一五年と現在を比較した場合、ユーチューバーになる条件は厳しくなっているのは事実である。

ユーチューバーは、ユーチューブのパートナープログラムに参加することによって、はじめて収益化が可能になる。二〇一八年二月には同プログラムが改定され、「過去一二カ月の総再生時間が四〇〇〇時間以上」で「チャンネル登録者数が一〇〇〇人以上」でないと参加できなくなった。ある程度人気がないと収益化ができないということだ。

そのような事情もあり、昨今は過激な動画で再生回数を増やし、収益につなげようとするユーチューバーもあらわれている。二〇一七年の年末には、アメリカの人気ユーチューバーであるローガン・ポールが来日。渋谷でタコと生魚を手にさまざまな迷惑行為を行ったり、青木ヶ原樹海に入って自殺者を撮影した動画を投稿し、世界中から非難が殺到した（**「Netflix視聴の75％を支えるオススメ機能の秘密」KAZUYO NAKATANI'S BLOG 2015/2/2**）。

ポールは謝罪し、しばらく謹慎していたものの、ユーチューバー活動を再開するとこれまでどおり過激な動画を投稿。現在でも年収一〇億円を超える人気ユーチューバーとしての地位を確立している。

日本でもユーチューバーが批判にさらされる事件が生じている。二〇一七年八月には、ユーチューバーのヒカル、禁断ボーイズのいっくん、ラファエルの三名が、「VALU」という仮想通貨を使ったサービスでトラブルを引きおこした。

VALUは二〇一七年五月に登場したサービスで、個人の価値をVAと呼ばれる疑似株式のかたちで発行し、仮想通貨でVAの売買をするというものだ。VALUで活動する旨を告知して大量の株が買われた三人は、突如株をすべて売却し、巨額（ヒカルは数千万円程度といわれる）の利益を得た。これに対してネットでは、株式投資におけるインサイダーに該当するのではないか、として大きな批判を浴び、三人は謝罪したというものだ（**「売り逃げ騒動、『ＶＡＬＵが当初から関わっていた』ヒカル氏が主張　ＶＡＬＵは反論」ITmedia 2017/9/5**）。

彼らは、儲けるつもりはなく、誰が一番価値があるかを競うユーチューブの動画企画だったと説明しているが、謝罪後にユーチューバーの活動を一時休止することになった。

このように、過激だったり法や道徳の面で微妙な動画や企画が、ユーチューブを中心に繰りひろげられている（また活動を再開したラファエルは、二〇一九年にも問題ある動画があったと見なされ、ユーチューブからメインアカウントの停止処置＝ＢＡＮを受けている）。

そもそもユーチューブをはじめとするネットの動画配信は、テレビのように放送法の拘束を受けない。それゆえに自由な活動が可能になる一方、その倫理基準は配信会社である民間企業に委ねられるのみである。ユーチューブであれば、ユーチューブ（と親会社のグーグル）が倫理基準を決める、というかたちだ。

すばらしい表現行為を行っているユーチューバーもたくさんいる。他方、犯罪行為や差別行為など、公序良俗に反する動画は、いうまでもなく配信を認めることはできない。表現の自由との兼ねあいで考えると微妙な動画や、表現の自由の隙間をついた悪質で過激な動画を、私たちはどう受け入れればよいのだろうか。その倫理基準を、世界的「民間企業」に任せておいてよいのだろうか。

すなわち、炎上で収益を狙うような、（筆者の主観ではあるが）悪質なユーチューバーに対して、私たちはどのように対応すべきなのかが、いま問われているのである。

無料動画配信は音楽業界の敵？

二〇一六年六月、アメリカの大物アーティストがユーチューブを標的として、著作権法の改定を求めた（「狙いはYouTube？　デジタルミレニアム著作権法の改正を求め、テイラー・スウィフトやポール・マッカートニーらが署名」ねとらぼ　2016/6/23）。

この問題を論じるには、まず一九九八年にアメリカで制定された、デジタルミレニアム著作権法（Digital Millennium Copyright Act＝ＤＭＣＡ）について解説しなければならない。ＤＭＣＡはネット上にある違法コンテンツを発見したら削除依頼ができるもので、著作権を守るためのものだ。

ただし、ＤＭＣＡには「セーフ・ハーバー条項」というものが設けられている。これは、たとえばユーチューブに違法なかたちで音楽がアップロードされていても、その要請を受けて速やかにコンテンツを削除すれば、ユーチューブ（サービスの運営者）は法的責任を問われない、というものだ。

結果的に、ユーチューブには雨後のタケノコのごとく、違法な著作物がアップロードされることになった。ユーチューブとしては通報があったら削除すればよいので責任は問われないが、アップロードされてから通報されるまでのあいだ、違法な著作物は閲覧可能になってしまう。そして違法な著作物を目当てにしたユーザーが集まることで、ユーチューブに収益がもたらされるという構造だ。

さらに、ユーチューブの収益構造についてもアーティストたちは怒っている。ユーチューブに自身のMV（ミュージックビデオ）などをアップロードした場合、何十億回も再生されるようなアーティストもいる。しかし、ユーチューブからアーティストやレーベルに支払われる額は、CDなどの売上を下回っているという批判が音楽業界から出ている。再生回数に応じたアーティストへの収益が、あまりにも少ないというのである。

他方、アップルやスポティファイ（Spotify）といった音楽の定額ストリーミングサービスは、収益構造がしっかりしている。アーティストありきのサービスなので当然といえば当然だが、再生回数に応じた収益について、音楽業界とアップルやスポティファイは繰りかえし話しあってきた（それでも当然、衝突はあり、ユーチューブと比較すればよい、ということでもある）。

そして二〇一六年六月、DMCAが抜け穴の多い「ざる法」であることにしびれを切らしたアーティストらが、ワシントンDCの三紙に意見広告を掲載したのであった。賛同したのは、テイラー・スウィフトやポール・マッカートニー、スティーヴン・タイラー、U2といった大物アーティスト一八六人とメジャーレーベルであった。

ユーチューバーの収益問題で論じたように、再生回数に応じた収益の支払いについて、ユーチューブ側の姿勢はいまひとつ不透明さを感じざるをえない。どれくらいの支払額が適正なのか。それは投稿者であるユーチューバーやアーティスト、レーベルなどとユーチューブが話しあって決めるべきであろう。

ユーチューブには世界的な影響力がある。だからこそ、透明性も強く求められているのだ。

映像配信サービスの黒船「ネットフリックス」の衝撃

無料動画のトップランナーであるユーチューブについて触れてきたが、続いて有料動画について見てみよう。

アマゾンプライムやHuluなど、多くの映像配信サービスが一般的になっている二〇一九年現在、そのなかで世界的にもっとも注目されているのがネットフリックスだ。二〇一五年に日本上陸したときの衝撃が忘れられない（「Netflix視聴の75％を支えるオススメ機能」KAZUYO NAKATANI'S BLOG 2015/2/2）。

日本でサービスがはじまった二〇一五年九月の時点で、ネットフリックスは約五〇カ国で映画やテレビ番組をネット配信し、ユーザーは世界で五七〇〇万人以上であった（ちなみに、二〇一八年一〇月の段階でユーザーは一億三七〇〇万人、世界一九〇カ国以上でサービスを展開している）。

ネットフリックスは定額で動画が見放題となるサービスだ。スマートフォンやタブレット、PCやスマートテレビ、ネット接続対応ゲーム機などで、室内外を問わず視聴が可能だ。二〇一五年の段階で、アメリカでは一ユーザーあたり、月平均三五～四〇時間もネットフリックスの動画が視聴されているという。

あまりの人気に、アメリカではネット回線の多くをネットフリックスが占めており、今後ますます高画質化する動画配信に対応できる通信環境の整備が世界中で叫ばれている。日本はブロードバンド環境を備えていることから、ネットフリックスにとっては「うってつけ」の市場である。

ネットフリックスの基本サービスは、世界中の映画やテレビ番組が視聴できることだ。他方、大ヒットした『ハウス・オブ・カード』などのオリジナルコンテンツも数多く制作し、それらが人気に火をつけた側面もある。さらに、ある程度の過激な表現が可能となったり、スポンサーの意向とは無関係にコンテンツの制作が可能になるなど、ネット配信だからこその利点がある。

とはいえ、ネットフリックスの一番の強みは、ユーザーの閲覧データを収集することだ。ユーザーの動向や履歴から視聴データを分析することで、精度の高い「オススメ」を提供しており、ユーザーの視聴動機の七五％は「オススメ」によるものだ。最初にいくつかの動画を見れば、あとは「オススメ」で表示されたものを見ていればまちがいない、というユーザーが一定数以上存在する。

それだけ個々のユーザーの好みに関する分析力が優れているということだ。そうでなければ、コンテンツの渦のなかから自分に合ったコンテンツを探しだすことはできず、宝の持ちぐされといった状態が続いてしまう。実際、二〇一五年の時点でデータを元に作品の種類を七万六八九七通りに分け、五〇〇〇万人のユーザーの視聴行動と照合し、最適なカテゴリーをひも付けするなど、その姿勢は徹底している。

二〇一九年現在、一億人を超えるユーザーを抱えているネットフリックスは、さらに多くのデータ分析が可能になっている。最近では、ユーザーが次の展開を選択することでストーリーの結末が変化する作品などもラインナップに追加されている。こうした試みは、ユーザーの満足度を高めるとともに、「どんなユーザーがどんな選択をするのか」というデータを、世界規模で収集できる。

どの国の、どんな性別の、何歳のユーザーが、どんな作品を好むのか。あるいは、どんな作品を、どこまで視聴し、どこでやめて、どの作品を複数回視聴したか、といったデータも分析対象となる。さらに調査・分析の対象となるのは、一億人を超える人々である。

つまり、ネットフリックスは単なる映像配信サービスではなく、ユーザー分析に優れたIT企業なのだ。ネットフリックスが動画配信業界における「黒船」と呼ばれるゆえんである。

ビッグデータが「偶然の出会い」を演出する

ネットフリックスによるビッグデータの分析手法は興味深い。

ラジオであれ、テレビであれ、マンガであれ、昨今はPCやスマホアプリから視聴が可能となっている。アプリ経由でそれらのコンテンツを消費することは、すなわちユーザーの行動情報がコンテンツを提供する側に収集可能となることを意味する。収集された情報は、よりよいユーザー体験を提供することにつながる。もちろん、自分の情報を分析されることに不快感を示す人もいるだろう。あるいは、自分の興味がコンピュータによって操作され、興味の範囲がせばまってしまうことを危惧する人がいるかもしれない。

その気持ちも理解できるものの、ITには人々の新たな興味を拡張する要素もあるように思われる。たとえば、ネットフリックスが分析を行った結果、あるユーザーに「ロシア映画が気に入るだろう」という予測を与え、オススメしたとしよう。オススメのロシア映画を視聴したところ、そのユーザーはいたく感動し、これまで知る気もなかったロシア映画やロシア文学、あるいはロシアそのものに興味を持ったとする。

日本では雑誌離れが叫ばれているが、雑誌の優れた部分は、雑多であるがゆえに、読もうと思っていたコンテンツ以外のものに偶然出会う機会を提供していたことだ。ならば、ネットフリックスのオススメ機能は、雑誌が持っていた「予期せぬ出会い」を演出する機能の代替物となりはしないか。

いわゆる「ビッグデータ分析」の方法について、ここでは詳述しないものの、ビッグデータ分析が人々の興味の拡張を可能にするということは、記憶に値する論点である。私たちはさらに細かい要素に分割され、私という人間のなかにあるさまざまな要素を、さまざまな角度から分析されることによって、もっと「私」を知ることが可能になるということだ。

戦国時代を迎えた動画配信

ところで、動画配信はネットフリックスの専売特許ではない。二〇一五年九月には、アマゾン（Amazon）も動画配信サービスを開始した（**「Amazon プライム、動画配信サービス「プライム・ビデオ」9月スタート。会員は追加料金なし」GIZMODO 2015/8/27**）。

ネット通販大手のアマゾンには、アマゾンプライムというサービスがある。月額四〇〇円

（税込）あるいは年会費三九〇〇円（税込）を支払うことで、（通常よりはやく商品が届く）お急ぎ便や音楽の聴き放題、電子書籍の読み放題などのサービスが提供される。動画が見放題の「プライム・ビデオ」も、アマゾンプライムの会費を支払うだけで無料視聴が可能になるため、日本でも利用しているユーザーは多い。

また、ネットフリックスと同様に、プライム・ビデオもオリジナルコンテンツを配信している。今後も動画配信サービスでアマゾンが一定の影響力を持つことはまちがいない。

二〇一七年の動画配信サービス（定額制）の市場シェアは、ｄＴＶ（二〇・三％）、Hulu（一三・五％）、U-NEXT（一二・六％）、アマゾンプライム（一一・五％）、ネットフリックス（七・一％）となっている（GEM Partners調べ）。日本では国内向けの配信サービスに人気があり、ネットフリックスのシェア率は低い。

くわえて、二〇一九年末には、あのディズニーが独自の動画配信サービス「ディズニー・プラス（Disney＋）」を開始すると発表した（**「ディズニー独自の映像配信サーヴィスが、Netflixを駆逐する?」WIRED 2018/12/3**）。

ディズニーといえばアニメ映画と「ディズニーランド」、と思う読者も多いと思われる。だが実際のディズニーは、多くの企業を買収し、アニメーション以外にも多くの人気シリーズを抱える一大プラットフォームとなっている。

ディズニーは二〇一七年一二月に、21世紀ＦＯＸの大部分を五四〇億ポンド（約七・九兆円）で買収する計画を発表。翌年一一月にこの買収が正式に決まった。買収が完了すれば、「ナ

ショナル ジオグラフィックチャンネル」や『アイス・エイジ』『ファンタスティック・フォー』『X-MEN』の各シリーズを持つことになる。さらにピクサーや、マーベル、『スターウォーズ』といった作品の権利も持っている（そう、あの『スターウォーズ』は、いまやディズニーが権利を持っているのだ）。

ディズニー・プラスは、オリジナルコンテンツとして『ローグ・ワン／スター・ウォーズ・ストーリー』スピンオフ・シリーズや、『アベンジャーズ』シリーズでおなじみの『マイティ・ソー』の弟ロキを主役としたスピンオフ、さらに映画『モンスターズ・インク』と『ハイスクール・ミュージカル』のリブート版も独占配信するという。また、これにともない、現在ネットフリックスに提供しているディズニー関連の作品は順次引きあげる予定だという。ここに来て動画配信サービスに、ディズニーという新たな参加者があらわれることになったのだ。

もちろん、作品が多ければいいというわけではない。前述のとおり、ネットフリックスはその強力な分析力が売上に大きく貢献していることが推察されるからだ。先行者利益もさることながら、ネットフリックスのような巨大なデータ分析をディズニーも行うことができるのか。あるいは、ほかの手段でユーザーの獲得に動くのか。

二〇二〇年以降も動画配信サービスは戦国時代が続くだろう。

CDのない生活 〜音楽配信サービスの台頭〜

読者は音楽とどのように触れあっているだろうか。カセットテープが現役の人もいるだろうし、CD中心の読者もいるだろう。とはいえ、もっとも多いケースはスマホで聴いているというものではないか（筆者も基本的にそうだ）。では、スマホで聴いているのはCDから取りこんだ音楽だろうか。そうではないユーザーも多いのではないか。

スマホに音楽データを取りこむ方法は、CD→ダウンロード→ストリーミングと変化している。ここでは、音楽の新しい潮流について考えるために、LINEとスポティファイの音楽ストリーミングサービスを紹介したい。

定額聴き放題サービスで音楽の「聴き方」が変わる⁉

二〇一五年六月に、LINEは定額聴き放題の音楽サービスの「LINE MUSIC」を開始した（「2か月全曲無料。LINEが音楽ストリーミング『LINE MUSIC』始める」GIZMODO 2015/6/11）。

新譜など含め一五〇〇万曲以上が用意されており、LINEのトーク画面で音楽をシェアするサービスのほか、学生割引などもある。また一度再生したものは、いくつかの条件を満たせばデータが蓄積できるようになっている。つまり、通信量を気にすることなく音楽を楽しめるようになっているのだ。

多くのユーザーにとって、通信量を消費することは恐怖でしかない。ちなみに、若者言葉では、通信量が多くなることを「ギガが減る」という（毎月利用可能なGB＝ギガバイトが減ってしまう、という意味だ。本来「減る」というのは使い方としておかしいのだが、日本ではおかしさも「込み」で使っている人が多い）。

ほかにも、サイバーエージェントとエイベックスが同年五月に、LINEよりひと足早く「AWA（アワ）」という同様のサービスを開始している。ジャンルごとの再生や「好きな曲に似た曲」を流す機能などがある。

世界を見回しても、音楽の定額聴き放題サービスが注目されている。アップルは同年六月に世界一五〇カ国で「アップルミュージック（Apple Music）」を開始。グーグルも「グーグルプレイミュージック（Google Play Music）」を、日本では同年九月に開始（サービス自体はアメリカで二〇一一年六月から開始）。こちらも動画配信サービスと同じく、戦国時代に突入した。

スポティファイとストリーミング文化

とくに注目すべきは、スウェーデン発のサービス「スポティファイ」である。二〇〇六年に創業し、二〇〇八年から定額聴き放題サービスを開始したスポティファイは、世界中で人気を獲得してきたが、日本上陸は二〇一六年九月であった（**「Spotify の遅すぎる日本ローンチ、先行サービスに追いつくことができるか」TechCrunch 2016/9/29**）。

ところで、なぜここまで定額聴き放題サービスが注目されるようになったのか。理由のひとつは、スマホの普及と通信環境の整備によって、手軽に音楽を聴くことが可能になったからであろう。いままで音楽を聴く場合、CDを買うか、iTunesのようなプラットフォームで一曲ずつ購入するしか方法がなかった。だが、これらと比べると、料金の面でも手間の面でも定額聴き放題サービスが便利であることは明らかだ。

スポティファイが創業した二〇〇六年当時は、世界中で音楽の違法海賊版が問題となっていた。ネットの登場によって、データ量の軽い音楽コンテンツが違法に流通し、世界中の音楽産業が打撃をこうむっていた。

そうしたなかで、一定の金額を払えば、わざわざリスクと時間を費やして海賊版の音楽をダウンロードしなくても、好きな音楽を聴きたいときに聴けるサービスを構築したのがスポティファイなのである。海賊版はいまなお続く問題だが、ユーザーの多くは金銭を支払ってでも便利な定額聴き放題サービスを利用するようになってきている。

つまり、ネット時代に適応した、手軽で便利なサービスとして、定額聴き放題サービスが重宝されているのだ。「CDを買う→PCに取りこむ→スマホに転送する」という繁雑な作業からユーザーを解放し、海賊版以上の手軽さを用意したことに、定額聴き放題サービスの意義があある。

話をスポティファイに戻そう。その特徴としてあげられるのは、無料会員という仕組みである。LINE MUSICをはじめ、同様のサービスの多くは基本的に有料だ。だが、スポティファイは広告をはさんだり機能を限定することで、無料でも音楽を楽しめる会員枠を設け、多くのユーザーを早くから獲得した。

一方、有料会員も多い。二〇一八年六月の段階で有料会員は八三〇〇万人で、無料会員も含めた月間アクティブユーザーは一億八〇〇〇万人におよぶ（二〇一八年一一月の発表では、一億九一〇〇万人）。アメリカでは、有料会員数はアップルミュージックのほうが多くなったとの報道もあるが、現時点における世界シェアのトップは、依然としてスポティファイである。

音楽産業は、この定額聴き放題サービスをとおして、海賊版のダメージを乗りこえ、産業として再び成長をはじめた。しかし残念なことに、日本はこの波に遅れをとってしまっている。

世界と日本の音楽産業

日本の音楽市場の規模は、アメリカに次ぐ世界第二位であり、最盛期（一九九七年）は年間六〇〇〇億円程度の市場規模を誇っていた（二〇一七年度は二八九三億円）。だが、前述のとおり海賊版などの影響によって、音楽産業は二〇〇〇年代に入って世界的な停滞期に突入した。

日本はいまだ停滞期を脱しきれていないが、一方、アメリカは停滞期を数年前に脱した。そのおもな理由は、定額聴き放題サービスの台頭である。そして、同サービスがアメリカの音楽市場で占める割合は、二〇一八年上期の時点で何と七五％に達している（全米レコード協会による）。

他方、日本は音楽市場において、ＣＤなど物理メディアの売上が全体の七割近くを占める、世界的にも珍しい国である。停滞期を脱することができない理由は、いうまでもなく定額聴き放題サービスが浸透していないことにあろう。

安い値段で多くの楽曲を楽しめる定額聴き放題サービスがあるのに、日本のユーザーはなぜCDを購入するのか。その理由のひとつとして、いわゆる「握手券ビジネス」があげられるかもしれない。「アイドルの握手券」や「選抜選挙の投票券」などとCDをセットで販売する手法だ。

CDを売りつづける理由としてある程度は理解できるが、問題の本質はそこにはないのではないか。というのも、握手券つきのCDを買うユーザーであっても、そのアーティスト以外のさまざまな音楽が聴きたいのであれば別の方法を模索し、定額聴き放題サービスに行きつくことが予想されるからだ。同サービスの利点や手軽さが広く知られていないがゆえにCDが重宝され、CDが重宝されるがゆえに音楽市場が停滞している、というのが日本の現状であるようにも思われる。

ネットフリックスと同様に、スポティファイもデータ分析によってユーザーの好みを発見し、ユーザーが新たな興味を発掘するような機能の開発に意欲的だ。とはいえ、いずれのサービスも世界と比較すると、日本のユーザー数は少ない。

なぜなのだろうか。日本のユーザーは、新しいものを避けていたり、自分の興味を発掘することに興味がないのだろうか。それとも企業側の問題なのだろうか。それほど単純な問題ではないだろうが、世界と日本のこの差異の原因は、わからない部分が多い。

データを利用したサービスが世界的に展開するなかで、世界との歩調がズレるたびに日本で表面化する問題だ。

ゲームはスマホで楽しむものに～高額課金に要注意～

ゲームに関する人々の意識もずいぶん変化してきた。テレビゲーム以外にも、ＰＣやスマホで遊ぶゲームが激増している。ゲームソフトもパッケージよりもデジタルで配信するのが主流となりつつある。

ユーザーの創造性をゲームが刺激する

まずはマインクラフトを紹介したい。スウェーデンのMojangという会社が二〇〇九年に発売したサンドボックスゲームである（**「小学生にまで広がる『Minecraft』人気。その魅力とは？」日刊ＳＰＡ！ 2015/6/20**）。

サンドボックスは砂場を意味するが、ようするに「砂場で自由に遊ぶことができるゲーム」である。実際は砂場で遊ぶのではなく、ブロックを自由に配置することで建物や街を作ったり、作った町を散策するなど、自由度の高さが特徴だ。

二〇一四年二月の時点で、ＰＣ版の利用登録者数が一億人を突破するなど、その人気はすさまじい。家庭用ゲーム機やスマホにも移植されており、Xbox 360／Xbox One版が二〇一五年五月には世界で二〇〇〇万本のセールスを記録。その人気に目を付けたマイクロソフト（Microsoft）が、Mojangを二五億ドル（当時のレートで約二六八〇億円）で買収したこともニュースになった。

ゲームはシンプルなもので、昨今のゲームでは当たり前となっている課金もない。ユーザーのなかには、ひとりであれグループであれ、緻密なゲーム空間を構築する者がいる。プレイ動画の公開をメーカーが公認しているため、ユーザーが作りあげた空間を世界中の人々に見せることも可能だ。あるユーザーは仲間と協力し、四年かけてディズニーランド&シーと周辺施設を再現している。

マインクラフトに見られるように、ゲームには「創造性」の余地が多く残されており、ユーザーはゲームで自らの創造性を表現できることに対して触発される。たとえば一九七〇年、細胞分裂のパターンをコンピュータ上に再現する「ライフゲーム」というゲームがイギリス人の数学者コンウェイによって考案され、当時のハッカーたちはこれに熱狂した（気になる読者は「ライフゲーム」で検索すれば、実際にプレイすることができる）。

碁盤の目のような画面のなかに、ユーザーが任意の場所に任意の数の細胞を置くと、細胞が別の細胞を生むか、あるいは死んでしまう。ユーザーは特定の配置をすることで、細胞が絵を描くように増殖する法則を発見する。細胞はさまざまなパターンで分裂を繰りかえし、コンピュータの画面上に「世界」を創造する。

活字では伝えづらいのが残念なのだが、ライフゲームは「コンピュータを使えば、世界の創造の謎を解きあかせるのではないか」という壮大な夢をハッカーたちにもたらした、偉大なゲームだ。実際、0と1の羅列《られつ》ですべてを処理するコンピュータを使うことで、人類はヒトゲノムを解読するなど、人の生命の根源にまで迫ろうとしている。

マインクラフトにしてもライフゲームにしても、創造性を惹起《じゃっき》するものは世界中で人気を博している。ゲームを子どもの遊びと決めつける向きもいまだに根強くあるが、私たちの創造性を強く刺激するツールになりうるという部分も忘れてはならない。

ゲームの利用時間、日本は世界的にも長い

日本ではスマホゲームが人気を博している昨今だが、日本人はスマホゲームをどのように使っているのか。欧米と比較した場合、日本人の利用率は高いという（**「日本のスマホユーザーにおけるゲームアプリ利用時間は米国の3倍――App Annie 調べ」CNET Japan 2016/6/28**）。

アメリカのアプリ調査企業「App Annie」が、スマホアプリの使用に関して、日本、アメリカ、イギリス、ドイツの四カ国でアンドロイドユーザーの年齢別調査を行った。

調査したすべての日本人ユーザーがスマホのアプリを使った総時間数を一〇〇％としたうえで、世代別の利用時間割合を調べたところ、五〇％以上が二五〜四四歳層で占められていた。他国と比較しても、この層の利用が日本には多いという。ゲームに注目してみると、一三〜四四歳のスマホユーザーは、一日あたりのゲームプレイ時間が他国の三倍以上となる。

日本はガラケーのころからケータイとアプリがセットになった文化が根づいており、中高年になってもケータイをいじることに慣れているのでは、と調査会社は分析している。電車に乗れば、多くの人がスマホをいじっているが、調査結果からも私たちとスマホが切っても切れない縁になっていることが示されたかたちになる。

スマホゲームの収益構造

ところで、スマホゲームのほとんどは無料でプレイできる。ただし、より円滑にプレイを進めるためのアイテムが欲しいなら「課金」、つまり特定の金額を支払わなければならない。これは「フリーミアム」と呼ばれる仕組みで、基本は無料にして、特別なアイテムや機能には課金システムを置くことで儲けるものだ。

スマホゲームは、ゲーム本体からではなく課金から収入を得ている。この事実を知る読者は多いと思われるが、課金された金額を支払っている人が、ユーザー全体の何割なのかを知っているだろうか。

この課金を支払うユーザー数に関する驚くべきデータがある（**「スマホゲームの収益の半分は全ユーザーのたった０・１９％が支えていることが判明」GIGAZINE 2016/3/25**）。

アメリカのモバイル・マーケティング会社のスワーヴ（Swrve）は、二〇一六年二月の一カ月間、四〇以上の無料ゲームを対象に、二〇〇〇万以上のプレイヤーの支出行動を調べた。同社の報告によれば、課金で支払われた総額の四八％が、わずか〇・一九％のユーザーによるものだということが判明したというのだ。

まず、全ユーザーのうち課金を行っているのは一・九％のユーザーのみである。その一・九％の課金ユーザーのうち、一人当たりの課金支払い額を平均すると、一カ月で二四・六六ドルだという。また、全ユーザーの中の〇・一九％にあたる、とくに課金率が高いユーザーが、収益全体の四八・四％を占めていることがわかった。

つまり、課金ユーザーはそもそも全ユーザーのなかの一・九％しかおらず、さらに全ユーザーのうちの〇・一九％のユーザーによる課金が、すべての課金の約半分を占めていることになる。ようするに、ごく少数の高額課金ユーザーこそが、スマホゲームの売上に多大な貢献をしているということだ。

このマーケティング企業は、二〇一四年にも同様の調査を行っているが、結果は今回と同じようなものだという。

ただし、この調査はアメリカのものであり、ゲームの利用率がアメリカよりも高い日本においては、より高額な課金を支払っている者がいるかもしれない。実際、筆者の知りあいで、一カ月に数万円を課金につぎ込んでいる人もいるが、それ以上の人も少なからず存在することだろう。

ゲームの高額課金には要注意！

日本のスマホゲームには、高額な課金を支払わなければ手に入らないアイテムなどもある。

課金できないユーザーに変わって、ユーチューバーが高額を支払って、高価なアイテムを入手する動画をアップロードする例も存在する。これは、高価なアイテムを入手すること自体が注目を集める、ということの証左である。

このことは、スマホゲームには金銭をつぎ込みたくなる要素がある、ということを意味している。課金せずに遊んでいる分には問題がないが、一部では高額課金の選択肢を設けたり、課金に誘導するといった問題点を指摘する声もある。二〇一二年には、「コンプリートガチャ」というスマホゲームの課金機能が、消費者庁から問題視されたこともあった。

まず、稀少なアイテムを得るためには、別の特別なアイテムをそろえなければ（コンプリートしなければ）ならない。このような別の特別なアイテムをコンプリートしなければ稀少アイテムを得ることができないシステムが、「コンプリートガチャ」と呼ばれる。

特別なアイテム自体もなかなか集まらない。ユーザーは何度もガチャを引き、同じアイテムが何個も増えていく。コンプリートするためには、高額な課金を支払う必要が生じる。結果として、小中学生が親のクレジットカードを利用するなどして数十万円の高額課金を支払うといったトラブルが続出し、消費者庁がゲーム会社に注意喚起を行ったのであった。

通常、ゲーム内で特別なアバターやアイテムを得るためには、課金を行うことで「ガチャ」を引く。ところが、ガチャで入手できるものはランダムに出てくる。ボタンを押すだけで簡単に課金ができるからこそ、つい高額な課金を支払ってしまう。いつまでも目的のアイテムが当たらないがゆえに、課金を重ねてそれを獲得しようとする。こうした行為は、度が過ぎればユーザー自身でも制御できなくなってしまう危険性がある。

二〇一八年には、「ゲーム障害（Gaming disorder）」がＷＨＯ（世界保健機関）で認定された。ゲーム障害には三つの主要な兆候がある。第一に「ゲームをすることへの抑止力の欠如（開始、頻度、熱中度、継続時間、終了、環境、など）」、第二に「ゲームの優先度がほかの生活上の興味や日々の活動を上回る」こと、第三に「悪影響が見られるにもかかわらずゲームへの没頭が継続あるいは激化する」、というもの。

こうした背景には、家でしかゲームができなかった一昔前と比べて、スマホゲームなど、いつでもどこでも行えて、画面を閉じれば簡単に中断できるゲームが増えたことがあげられる。さらに、「ゲームクリア」という概念がないゲームも多く、定期的に新キャラクターや新ダンジョンなどを設定することで、永続的に続けられるゲームが増えたことも原因として考えられている。

ただし、「世界数千万人のゲーマーは、たとえ激しくゲームに没頭している人であっても、ゲーム障害患者として認定されることはないだろう」と同機関の関係者は述べている。つまり、認定された症状に該当するような有病率は「極めて低い」ということだ（**「ＷＨＯ、「ゲーム障害」を疾病と認定」TechCrunch 2018/6/19**）。確かに、ゲームに熱中することで、ゲーム障害におちいる人々は一定数存在する。隣の韓国では、オンラインゲームがいちはやく普及したことで、早くからこうした問題が重要視されてきた。ただし、そのことをもってゲームを否定的にとらえるだけでは、むしろ健全にゲームをプレーするユーザーや業界そのものの差別につながりかねない。その点には注意が必要だ。

本章ではやや否定的にあつかうことも多いゲームだが、昨今はゲームをスポーツと捉える「eスポーツ」が盛りあがりを見せている。一昔前なら「ゲームばかりして」と否定的に見られたゲームだが、世界では十億円を越える賞金が与えられたり、日本でもプロチームが存在する。実際、eスポーツの大会を見れば、そのレベルの高さから芸術性を感じることもできる。ゲームに否定的な人は、機会があればeスポーツに触れてみるのもいいだろう。

このように、さまざまな側面を見せるゲームを、もはや一括りにすることはむずかしくなっている。ゲーム障害など気をつけるべき点もあるが、eスポーツやゲームを通じた創造性の育成など、前向きな要素も多く含まれている。

ネットと企業、そして広告

私たちはそのサービスをどこまで必要としているのか？

いまや私たちの生活に深く浸透しているネット通販。

近年は、注文するとすぐに配達するようなサービスをアマゾンやヨドバシカメラが展開している。一度くらいは利用したことのある読者もいるのではないか。欲しいものが、注文すればすぐに届く。確かに便利なサービスだ。

しかし、ここで筆者は疑問を抱く。私たちは何をそこまで急いでいるのだろう、と。ここでは、その「便利さ」を提供するいくつかの企業について見てみよう。

ネットで注文すると一時間で届くサービスが登場

アマゾンには年額三九〇〇円の「プライム会員」制度がある。そこへ新たに、二五〇〇円以上の買い物をすると、注文から一時間で商品を配送する「アマゾンプライム・ナウ」というサービスが、二〇一五年一一月に追加された（**「注文から1時間で商品が届く Amazon Prime Now が都内の一部エリアで開始。プライム会員、２５００円以上の注文限定、送料８９０円」Engadget 日本版 2015/11/19**）。一時間以内に配送する一時間便（八九〇円）と、時間帯指定によって最短二時間以内で届く二時間便（無料）が選択可能だ。二時間便は無料ということもあり、利用するユーザーが増えることが予想された。

同年一一月に都内八区を対象にはじまったサービスだが、千葉のアマゾンの倉庫からでは対応できず、都心の倉庫に日用品などを備え、バイク便を利用して行う。二〇一八年には、東京都内の二三区一二市をはじめ、神奈川県や千葉県、兵庫県、大阪府の一部の地域がサービスの対象となっている。

他社も同様のサービスをはじめた。二〇一五年八月には、二四時間体制で注文・配送に対応し、注文から最短二〇分で自宅に配送する「楽びん！」を、楽天が都内の一部地域で開始（その後、サービス名は「楽天デリバリープレミアム」に変更）。対象となる商品は、飲料水やトイレットペーパー、洗剤などの日用品四五〇点にしぼられている。同年には、自転車を利用したフードデリバリーなどもはじまっている（現在では、「ウーバーイーツ（Uber Eats）」など多くのサービスがある）。

気になるのは宅配する側が負担するコストだが、これについては非公開となっている。赤字でもかまわずユーザーの利便性を優先するのか、のちの収益を見込んでのサービスなのかは定かでない。

それほど便利さが重要なのか?

注文から一時間で日用品が届く。そのことが、どれだけ重要なのか、という声もある。自分で買いに行けばよい、と思う読者もいるだろう。

もちろん、子育てや介護を行う家庭では、外出がままならず、商品が必要になるケースもある。よって、一定数のユーザーには必要なサービスであることはまちがいない。一方で、何でも便利になることの弊害についても問題が指摘されている。

ここからは、アマゾンプライム・ナウに関わる人々の労働状況を見てみよう。

二〇一六年一一月にアマゾンは、アマゾンプライム・ナウの対象領域を二三区全域に広げた。SNSなどではこのニュースに対して、「これ以上、便利にならなくてもよい」といった声や、現場で働く配達員の過酷な労働条件に疑問を呈《てい》する声があがった。

他方、便利なサービスと過酷な労働条件は区別が必要であり、過酷だとすればそれはあくまで企業の問題であり、利用者の問題ではない、という指摘もあった(**「Amazon 1時間以内配達に賛否両論 「ブラックがまた増える」「便利と労働環境は別の問題」The Huffington Post 2016/11/17**)。

アマゾンを中心とした商品配達の問題は、ずっと議論されていることなので、関心を持つ読者も多いのではないか。現場の配達員に過度な負担がかかることから、アマゾンの配送から手を引く業者が出たりもする。二〇一三年には佐川急便が撤退し、以降、配達を一手に引きうけていたヤマト運輸も二〇一七年に当日配達から撤退することになる。

企業が現場労働者の処遇を改善しないことは、確かに問題である。私たちが気軽に押しているスマホの注文ボタンの背後には、多くの人間の労力が詰まっていることを忘れてはならない。自宅に荷物を届けてくれる配送業者の人に、すいませんとかありがとうという気持ちで商品を受けとった記憶は、誰にでもあるはずだ。

ドローンを利用して商品配達すればより効率的ということで、海外で実験が進んでいる（二〇一九年に入り、日本でも楽天などの企業が実験を開始しはじめた）。いわゆる僻地《へきち》や山岳部《さんがく》に対し、緊急に必要となった商品（とくに医療品など）を届ける手段として、ドローンは非常に有効だ。

一方、東京などの大都市の空をドローンが駆けめぐるのは、現状ではむずかしい。航空法の問題もあるが、都市の空を大量のドローンが駆けめぐったら、事故が多発するかもしれない。ドローンを使った盗撮といった犯罪も予想される。

技術の進歩にもとづいた便利さを追求すれば、リスクを覚悟しなければならない。リスクを恐れていたら、せっかく進歩した技術を享受できない。何とも悩ましい問題である。

書店業はアマゾンのひとり勝ちか？

配送に関して問題を抱えるアマゾンは、出版に関しても問題を抱えている。ここでは二〇一七年三月に話題となった、アマゾンが取次を経由せず出版社との直接取り引きを拡大する、というニュースを見てみよう（「アマゾン・ジャパン『直取引』拡大の意味」EBook2.0 Magazine 2017/3/23）。

本が流通する際に、基本的には出版社と書店のあいだに取次業者が入る。出版社から本を受けとった取次が、書店などの業者に本を配本する。これに対してアマゾンは、出版社との直取引を行い、取次をとおさず自社の倉庫に本を集荷するというのだ。

同年四月には、取次の日販（日本出版販売）に一部の取り引きを打ちきることがアマゾンから伝えられた。このことに「自社の本がアマゾンであつかわれなくなるかも」と危機感を抱いた中小出版社の多くが、アマゾンとの直取引を開始することになる。

直取引の、出版社側のメリットは何か。第一に、一般的に出版社が本を流通させるときに、日販やトーハンなどの取次をとおすと、取次への手数料は販売価格の一割程度といわれる。ところが、アマゾンと直取引をすれば取次が介在しないので、その手数料をアマゾンと出版社で分けあえる。第二に、取次をとおすと在庫切れ商品の補充に一～二週間かかるが、直取引なら一～二日で済む、ということである。

一見すると、仲介業者の排除は、出版社とアマゾンの双方に利益が発生するように見える。だが、ここには大きな問題が潜んでいる。まず直取引が増加した結果、アマゾンの書籍を取りあつかう規模が大きくなれば、利益の取り分でアマゾンが強気に出てくる恐れがある。

取次の機能も代替しているのだから、掛け率（出版社がアマゾンに卸す値段）を下げろといった交渉をしてくるかもしれない。実際、一部の報道では、アマゾンの直取引への呼びかけに、早い段階で応えた出版社の掛け率は高く、遅くなればなるほど掛け率が低くなったりしているという（前者の掛け率は七〇％で、後者は六〇％というように）。

もう一つの問題は、長い歴史のなかでつちかわれてきた「出版社～取次～書店」という流通網が壊れたあと、万が一、アマゾンが日本の出版から手を引いたらどうなるだろう、ということだ。あとに残るのは、ガタガタになった流通網のみだ。出版社がますます苦境に立たされ、読者は読みたい本がなかなか手に入らなくなってしまうかもしれない。

アマゾン帝国などと揶揄《やゆ》されることもあるが、それにはこうした事情が横たわっており、すべてをアマゾンに任せてしまうことには多くの懸念材料が存在している。

便利なサービスには、それによって失われる（失われかねない）ものがある。私たちは、そのことを絶えず視野に入れて、商品の流通と向きあう必要がある。

なぜウーバーは世界中で叩かれるのか？

次は、配車サービスの「ウーバー（Uber）」について。

昨今は日本のタクシーもアプリで気軽に呼ぶことができるが、そうしたサービスの先駆けが、アメリカ発の配車サービスのウーバーである。しかし、二〇一五年七月の時点では、ウーバーに対する批判が増えている。何が問題なのか（**「Uber、国交省から中止指導のライドシェア実験をいったん終了」ITmedia 2015/3/6**）。

ウーバーが福岡市ではじめたライドシェア（相乗り）サービス「みんなのUber」を、国土交通省が「道路運送法に抵触する可能性がある」と見なし、中止を指導していた。ウーバーはそれに従い、ライドシェアの実験を終了した。

ウーバーは、あくまでも配車の「仲介」を行うサービスだ。運転手と乗客の「マッチング」

を仲介するものであり、実際に車を用意するサービスではない（この点で、宿泊提供者と宿泊希望者をマッチングする「エアービーアンドビー（Airbnb）」とウーバーは共通する）。

日本でタクシー業をはじめる場合、道路運送法にもとづく許可を得る必要がある。また、勤務する運転手には、普通第二種免許の取得が義務づけられてもいる。アプリで車を呼びだし、客がその車を利用して移動するという点で、ウーバーの業務はタクシー会社に近い。決定的に異なるのは、ウーバーは普通第二種免許を持つ運転手だけでなく、それを持たない一般の人が自分の車を使って客を乗せることにある。

日本の法律から見ると、普通第二種免許を持たない人が車に客を乗せることは、いわゆる「白タク」に該当する。前述の国土交通省による指導も、この点に対するウーバーへの不信感があらわれたものだと考えられる。

このままでは日本で運営できないということで、ウーバーは自治体やタクシー会社と提携して運用するなど、さまざまな方法を模索している。二〇一八年五月には、兵庫県の淡路県民局とタクシー会社、そしてウーバーの三社で提携し、翌年三月末までという期限付きで実証実験を開始している（**「Uber、淡路島においてタクシー会社・兵庫県淡路県民局との三者による 日本初となる実証実験の契約を締結」Uber Newsroom 2018/5/22**）。

世界的には利用者が多く、話題になっているウーバーだが、日本を席巻するということにはならないようだ。

さて、海外ではウーバーによって地元のタクシー運転手が職を失うなど、深刻な状況に陥る国もある。二〇一四年六月には、パリやロンドン、マドリードといった欧州各地で、約三万台のタクシーとリムジンによる短時間ストライキが発生している。

また、ウーバーの運転手が女性客をレイプする事件も多発している。二〇一四年一二月には、インドの首都デリーで二五歳の女性客をレイプした疑いで、ウーバーと契約したタクシー運転手が逮捕されている。犯人はタクシー運転に必要な業務用ＩＤカードを所持していなかったが、ウーバーで運転する半年以上のあいだに、一度もチェックがなかったという。また義務づけられている犯罪歴調査がなかったこともあり、ウーバーの管理責任が問われた（**「レイプ事件相次ぐインド、タクシーアプリ『Uber』運転手がデリーで女性に暴行　Uber は営業停止処分」The Huffington Post 2014/12/8**）。

さらに、ウーバーは内部にも大きな問題を抱えている。二〇一七年には、ウーバーの女性従業員が、上司によるセクハラに苦しんだが会社が対応しないとして訴えを起こしている。捜査が進むにつれ、ウーバーという会社自体が女性蔑視的な企業文化の元にあることが明らかになった（**「Uber の元女性社員がセクハラ訴え、CEO が涙で謝罪　シリコンバレーに激震」BuzzFeed News Japan 2017/2/23**）。

問題の多いウーバーだが、企業価値は高く、その株価は二〇一五年七月の段階で五兆円近い値をつけている。二〇一九年には上場を計画しており、その際の企業価値は約一三兆円にのぼるとの試算もある。

さまざまな問題を抱えていてもなお、成長が止まらないサービスがある。このようなサービスを、私たちはどう受けとめるべきなのだろうか。

ゾゾタウンのツケ払いは、若者を救うのか？

近年、日本で急成長した企業といえば、二〇一八年に社長のプライベートな行動でも注目されたゾゾタウン（ZOZOTOWN）であろう。

通販サイトのゾゾタウンは、五〇〇〇社以上のファッションブランドを検索・購入できるショッピングサイトで、若者に人気だ。クーポンなどの配布もあるので、実店舗よりも安く買えたりもするが、なによりもアプリをとおして簡単に服を購入できるのが最大の魅力である。

そんなゾゾタウンのサービスのひとつである「ツケ払い」について、二〇一七年四月に批判の声があがった（「ZOZOTOWNが『ツケ払い』問題対策発表へ」BuzzFeed News Japan 2017/4/14）。

そもそも「ツケ払い」機能とは何か。これは二〇一六年一一月から導入されたサービスで、支払いを二カ月ほど先送りにできるものだ。ツケ払いの方法としては、注文して商品到着後に郵送で届く請求書にもとづき、二カ月以内にコンビニや銀行で代金を支払うというものである。

決済上限は五万四〇〇〇円。若者が支払えるギリギリの値段設定であり、金銭的に余裕のない若者に向けたサービスと言えるかもしれない。もしくは、ツケが支払えなくなったとしても、親に頼みこめば何とかなる値段だと筆者には思われる。万が一、支払う側が破産したらどうなるのか。

この「ツケ払い」が批判された点は、サービス開始当時、実質的に親の同意がなくても未成年がサービスを利用できたことや、「ツケ払い」のためには手数料三二四円が取られることにあった。BuzzFeed Newsが取材した弁護士によれば、支払いが二カ月後を超える場合は、通常割賦《かっぷ》販売法によって利用者の信用調査が必要になるという。だが、「ツケ払い」は支払いが二カ月以内なので割賦販売法の適用を受けず、支払い能力などをくわしく判定することなく、未成年でも商品を購入できるという。

「ツケ払い」を利用した未成年のなかには、支払えなくなって親に泣きついたり、ツケを支払うためにバイトを増やした人、あるいは「やめなきゃ」と思いながらも「ツケ払い」をやめられない人がいるなど、よくも悪くも若者が金融に関わる場になっている。

BuzzFeed Newsは、実際に「ツケ払い」を利用した若者へのインタビューを行っている（**『1円も払ってないのに服が届く』ZOZOTOWN『ツケ払い』滞納する若者たち」BuzzFeed News Japan 2017/4/14**）。

とりわけ、「ネットのお金はバーチャルな感じです。とりあえず買って、ダメならメルカリで売ればいいし」と答えた若者が興味深い。ゾゾタウンと同じく、日本で急速に成長した「メルカリ」は、未成年が服を売ったり買ったりすることが手軽にできる便利なフリマアプリとして注目された。

ツケで買ったはいいが、代金を払えない。だから、買った服をメルカリで売って、「ツケ払い」に回す。まるでツケの自転車操業のような話だ。このような状況のなか、はたして未成年がゾゾタウンやメルカリを利用することによって、おとなになったら役立つような金融リテラシーを学ぶことができるのだろうか。

いずれにせよ、支払いの滞納で首が回らなくなる未成年の若者があらわれないように、「確実」に親の同意を得てから買い物ができるようなシステムが必要であろう。

ネットの質屋アプリと「ツケ払い」

ネットで買い物をしていると、リアルな現金のやりとりをするわけではないので、ついお金を使いすぎてしまうという人も多いのではないか。使いすぎたお金を補充するとき、どうやってお金を生みだせばいいのか。ひとつはメルカリで自分の持ち物を売ること。そして、もうひとつの選択肢としてオンラインの質屋が登場した。

名前だけ聞くと、何をどうやって商売にしているのかがわからない「オンライン質屋」。二〇一七年六月に誕生したレンディングサービスアプリ「CASH」は、「目の前のアイテムを一瞬でキャッシュ（現金）に変えられる」ことを売りにしている。「一瞬」といわれる査定から支払までの段取りはこうだ。

まず、ユーザーが現金化したいアイテムを準備して、アプリを起動する。CASHがあらかじめ設定したカテゴリーからブランドや商品名を選択し、アイテムの状態を記入したうえで画像を送る。すると、即座にアプリがアイテムを査定し、一〇〇〇～二万円が仮想通貨としてアプリにチャージされる。

そのチャージ分は、即座に銀行かコンビニで受けとることができる（手数料は一律二五〇円）。また買いとられたアイテムは、二カ月以内に現物を送るか、返金するかが選べる。返金の場合は、支払われた額の一五％が手数料として取られる。

質屋業は許認可の上では金融業となり、手数料の額などが問題になる。だが、ＣＡＳＨが取得しているのは古物商の免許であることから、完全な質屋というわけではない。

創業者はこのアプリを「社会実験」と位置づけ、質に入れたお金で人生をショートカットできるようになれば、と答えている。ようするに、何かやりたいことがあり、そのためにお金が必要な場合、時間をかけて稼ぐより、ＣＡＳＨを使って即座にお金を用意したほうが合理的だ、というわけである（**「スマホで撮影「即入金」の質屋アプリCASH、STORES.jp創業の光本氏が公開──ノールック少額融資を可能にしたその方法とは」THE BRIDGE 2017/6/28**）。

ＣＡＳＨのサービスが開始されると、アプリのダウンロード数がすぐに三万を超えたという。その後の一六時間で約七・二万点、総額で約三・六億円分の利用があった。予想を超えた利用を前に、サービスは一時中断。同年八月になると、利用者に対して一日に支払える金額に上限をつけたうえで再開している（**「レンディングアプリ『ＣＡＳＨ』が利用集中で査定を一時中止、ローンチ後16時間でキャッシュ化3・6億円超え」TechCrunch 2017/6/29**）。

ゾゾタウンの「ツケ払い」やＣＡＳＨについて、読者はどのような感想を持つだろうか。確かに、どちらのサービスも便利な部分はあろう。とはいえ、どちらも物の流通やお金をやりとりする流れが速すぎると筆者には思われる。ＣＡＳＨでいえば、返金の場合は手数料が一五％かかる点などは、もっと熟慮すべきことではないか。

しかし、スマホで手軽に決定ボタンが押せる時代に、熟慮をうながすのも困難なことだ。それほどまでに、スマホの手軽さは「便利」であり、ある意味で「危険」なのだ。

アテンション・エコノミーとは

おもにネットにからんだかたちで、商品の流通や支払いが便利になったという話をしてきた。ここでも筆者には、本書の「アテンション・エコノミーとネット社会」(四七頁)で論じた「アテンション・エコノミー」という言葉が頭をよぎる。手段はどうであれ、商品にアテンション(注目)させることで経済が回るという考え方だ。

すでに論じたことだが、もう一度振りかえっておこう。SNSでは二四時間三六五日、目の前でお祭りが開催されている。芸能人が生放送で出演し、ユーザーがコメントし、高額なアイテムを気軽に売ったり買ったりできる。ネット上のどこかで、つねに何らかの商品が売られており、それらはボタンひとつを押すことで購入可能だ。

一方、SNSではそこかしこで炎上が生じており、それを見ているうちに広告が目に入る。広告が人々の目に入ることが企業の儲けにつながるのだから、人々にはなるべく長くSNSに留まっていてほしいと考える。

アテンション・エコノミーとは、ゆっくり考えるのではなく、目の前で流れていく現実に、即座の対応を迫ることで成立する経済システムを指している。「ツケ払い」や「オンライン質屋」といった目を引くネタで人々の関心を集める。

アテンション・エコノミーは、企業の都合で私たちの注意や意思を奪うものとも見なしうる。

自分の興味をより深めたり、好きなものを簡単に購入できたりと、便利であるがゆえに私たちの人生に深く関与してくるサービスだからこそ、逆説的にも適切な距離を取ることが求められている。

便利な社会を否定するべきではないが、この便利な技術をどのように活かすか、そのための工夫がなによりの課題なのである。

広告を知らずしてネットの海は泳げない

テレビを見ればCMが流れ、新聞の下段には広告が掲載され、電車に乗ればつり革広告が目に入る。そして、スマホを開けばネット上にも多くのオンライン広告がそこかしこに踊っている。では、そのオンライン広告は実際に、どの程度見られているのであろうか。

ここではネットと広告の問題をあつかってみたい。まず、デジタル広告視聴率の話題からはじめよう。

広告の視聴率はテレビよりもデジタルを重視

世界的な調査会社のニールセンが、「ニールセン デジタル広告視聴率」について、二〇一五年には日本で提供を開始すると発表した。もともと北米や欧州を中心に一二カ国で展開していたが、日本も視野に入れはじめたのだ（「ニールセン、Facebookと提携し『デジタル広告視聴率』を計測」CNET Japan 2015/7/14）。

　具体的には、オンライン広告についてクリック数以外の効果測定をして、テレビ広告と同様の指標で管理するという。すなわち、テレビと同様の「視聴率」をネットでも測定するということだ。

　フェイスブックとの提携により、日本国内のアクティブユーザー二三〇〇万人（当時）と、個人にひも付けされていない性別・年齢別データを、ニールセンが持つデータ（オンラインパネルデータ）で修正し、消費者の属性を読みとるというものだ。これにより、届くべき対象に広告が届いたかどうかが、より正確に判定されるという。

　こうした広告視聴率は、かなりの正確性を持つと考えられる。いや、テレビよりもネットのほうが正確なデータを把握できるだろう。

　集められたデータはオンライン広告に広く利用されるが、ほかの調査方法としてアイトラッキング調査といわれるものもある。同調査は、カメラなどをとおして私たちの目線がどのように動いたかを測定するもの。調査用に取りつけたカメラで、ユーザーがパソコンやスマホの画面上のどの部分を見ているかを判別し、掲載された広告を実際に見たかどうかを判断するのだ。

　広告とネットは非常に近い関係にあるので、ＩＴ企業がこぞって広告関連の技術を開発するのもうなずける。

世界の広告費に占めるネットの割合とは

これまでの広告は、テレビや新聞、雑誌、ラジオなどが主流であった。しかし、いまや広告の主流はネットとなっている。ネットの海には、つねに広告があり、私たちの隣に存在している。デジタルの広告技術は発展の一途をたどり、ちょっとした検索をすると、検索内容に関連する商品がつねに広告として画面に表示されることが当たり前となった。

イギリスの調査会社ゼニスオプティメディアの発表によれば、二〇一七年のネット広告費は二〇一六年比一三%増の二〇五〇億ドルとなり、一%増の一九二〇億ドルに留まるテレビを逆転すると予想されていた。

広告費はリーマンショック時を除いて、ほぼ年率四~五%の成長率を保っているが、近年の伸び率はさらに増加すると予測されている（**「広告費、ネットが初の首位 17年世界市場予測」日本経済新聞電子版 2017/4/6**）。

その要因は、やはりスマホやタブレットをとおした広告である（タブレットの伸び率は鈍化しており、実質的にはスマホ広告が非常に大きな役割を果たしていると考えられる）。先進国における伸び率は鈍くなってきても、インドなどをはじめ、今後のスマホ普及が予想されている地域を含めれば、世界中の広告費におけるネットの比率は、今後も増えていくことが予想される。

二〇一八年に電通が発表した世界の広告費に関する報告では、二〇一七年にはテレビ（三六・六%）とデジタル（三五・六%）の広告シェアはほとんど並び、二〇一八年にはデジタルがテレビを追いぬくと予想されている。さらに、二〇一九年には世界の広告費におけるデジタルのシェアが四〇%を超えるとも予想している（「『世界の広告費成長率予測』を発表」電通 2018/6/14）。

注目すべきは、二〇一七年の時点でデジタル広告におけるモバイルデバイスのシェアがＰＣを超えたことである。つまり、世界の広告費でもっともシェアを占めているのがデジタル広告であり、そのなかでもスマホのシェアがもっとも高い数字となっている。

不正な広告をどう取り締まるか

世界中の企業がネットに広告を出しているが、不正なものが多いことには注意が必要だ。

企業がネットに広告を掲載した場合、基本的には、クリック数に応じて媒体に広告費を支払う。だが、一定の処理を自動化するボット（bot）と呼ばれるアプリケーションやプログラムを悪用して、人間がクリックしていなくても自動的に何度もクリックしたように見せかけ、代理店が広告費を多めに請求することがある。

また、代理店が違法性の高いサイトに企業の広告を掲載するなど、広告主である企業のブランドイメージを毀損する場合もある。こうしたデジタル広告に関する問題は、近年深まる一方となっている（これらは大枠で「アドフラウド（広告詐欺）」と呼ばれる）。

記事なのか？ 広告なのか？

「ステルス」とは、何かをこっそり行うことを意味する。そして、宣伝ではないふりをして、こっそり宣伝を行うような商法を、ステルスマーケティング（以下、ステマ）という。

二〇一七年二月一六日に日本弁護士連合会（以下、日弁連）から、ステマの法規制に関する意見書が公表された（**「日弁連が『ステマ』の法規制を求める意見書『日本の法整備は遅れている』」弁護士ドットコムニュース 2017/2/22**）。

ステマは一時期、日本の芸能人が加担した事件などが取りあげられたことから、名前を知る読者も多いのではないか。ようするに、本当は企業から金品を提供されているにもかかわらず、そのことを伏せたまま宣伝するような広告を指している。テレビであれラジオであれ、スポンサーについては視聴者や聴取者に最初から明示するのがルールだ。しかし、ネットのなかにはそうしたルールを無視するケースが見られるのである。

日弁連によれば、現状ではステマは法規制の対象にならない。意見書ではステマをふたつに分類しており、ひとつは口コミサイトやブログ、ウェブサイト、ＳＮＳなどといった、実際は企業が宣伝しているのに、企業に関係ない人を装う「なりすまし型」。もうひとつは、事業者がブロガーや芸能人などにお金を払っているが、その事実を受け手に知らせないで宣伝させる「利益提供秘匿型」がある。

日弁連はこうした分類を景品表示法（不当景品類及び不当表示防止法）第五条第三号の内閣総理

大臣指定に追加して、規制すべきだとしている。1章でインスタグラムの広告について言及したが、ネットでは広告と意見の差異が非常にあいまいだ。デジタル広告の進化のスピードが速すぎて、法整備が後追いしているともいえる。そうであるからこそ、明確なルールが求められている。

インフルエンサーとは何か

ところで、ネット広告と密接な関係がある単語に「インフルエンサー」がある。本書の「知っておきたいインスタグラムと広告の関係」（三〇頁）でも論じたが、さらにくわしく見ていきたい。

インフルエンサーとはその名のとおり「インフルエンス＝影響力」がある人を指す。芸能人やセレブはもちろんだが、近年はユーチューバーやインスタグラマーなど、フォロワーが多いネットで人気の一般人にも該当する言葉だ。

インフルエンサーの影響力は底知れない。彼らが宣伝するとたちまち商品が売れることもしばしばあり、後述のようにプロが行う広告より効果がある場合もある。

インフルエンサーはしばしば、芸能人よりもフォロワーの多い一般人に対して使われる言葉として定着している。といっても、誰が芸能人なのかという定義もあいまいだ。芸能事務所に所属することが一般的な意味での芸能人の証明であるが、昨今はユーチューバーたちで設立する芸能事務所などもある。ここでは、いわゆる「テレビ」を中心とせず、活躍の場がネットである有名人と定義したい。

このインフルエンサー大活躍の流れは、メイクを決めて服を着こなすファッションモデルよりも、読者モデルのように素人に近いほうが一般の感覚に近い、というものと似ている。

そもそも芸能界も、私生活がわからない昭和の「スター」から、テレビがアイドルを誕生させる時代（たとえば「スター誕生」）を経て、おニャン子クラブのように素人がいきなり芸能人になるなど、芸能人と一般人の垣根が取りはらわれてきた歴史的経緯がある。

ネットで起こる「素人革命」

アメリカの調査会社によれば、二〇一六年の一年間で、企業が宣伝のためにインスタグラムのインフルエンサーに支払った金額は五億七〇〇〇万ドル（約六三五億円）にもなるという。またアメリカの経済誌「フォーブス（Forbes）」が二〇一七年四月に発表した「インフルエンサーランキング」の美容部門の首位は、元は一般人であった二七歳のゾエラという女性である（**「世界『インフルエンサー』ランキング　美容部門1位の英国人女性」Forbes Japan *2017/6/8***）。

彼女はコスメやメイクについての動画が人気で、ユーチューブの登録数は一一七〇万人を超えている（当時）。ゾエラはユーチューバーとしての収入で、少なくとも一カ月五万ポンド（約八〇〇万円）を稼いでいるという報道もあった（**「Zoella net worth: YouTube vlogger earning at least £50,000 per month with 10m subscribers」IBTimes *2016/3/14***）。驚くべき金額だ。

中国はさらにすさまじい。人口が多く、欧米の人気ＳＮＳを規制している中国では、独自のプラットフォームが発達している。たとえば、あるモデルの女性（一九八八年生まれのZhang Dayi）は、ショッピングサイト「淘宝（タオバオ）」でファッションアイテムを紹介した。二時間のライブ動画で四〇万人以上が視聴し、その場で三億円分の商品を売り上げた記録を持つという（**「2時間で3億円を売り上げるタオバオ生中継（淘宝直播）とは？」中国ビジネスヘッドライン 2017/3/2**）。

これほどまでの高額を稼ぐ事例は一部だとしても、ネットの広告で「稼ぐ」という行為はそれなりに一般化しているともいえる。

日本でも、インフルエンサーや芸能人が商品を生放送で紹介し、視聴者がその場で購入することが可能なアプリがある（「Live Shop!」のほか、「メルカリ」や「SHOW ROOM」などにも同様の機能がある）。ライブコマースと呼ばれるこうしたサービスでは、ユーザーがその場で質問することができるなど、双方向性が人気となっている。また、よい意味でプロよりも「テレビ的」でなく、一般に近い感覚で作りあげた映像のほうがリアルさを感じられるとして、人気が出るケースもある。

フォロワー一万人以上のインスタグラマーによる「出張物撮りサービス」のほか、スマホから写真を売り買いできるサービスを行うスナップマート（Snapmart）がサービスを開始したところ、プロよりも広告効果が高いとして人気を博している（ちなみに「物撮り」とは、商品広告に使う写真を撮影すること）。人気インスタグラマーとはいえ、写真に関しては素人だ。くわえてプロよりも値段が高いにもかかわらず、こうしたサービスに人気が殺到しているという（**「素人の写真がプロの20倍以上の値段で売れる理由」note 2017/5/8**）。

人気の理由のひとつには、レベルの高い素人（インフルエンサー）の写真のほうが、一般人に受け入れられやすいということが考えられる。プロのモデルよりも一般の読者モデルがウケるのと、同じ原理であろう。

こうしてネットを中心に「素人革命」とも呼ばれるような現象が生じており、インフルエンサーが大きなプレゼンスを示し、存在感を高めている。

広告ブロックソフトの是非

ネット上の広告を見たくないという人も多いだろう。そんな人たちのために、あらかじめ広告をブロックし、ユーザーに見せないようする「広告ブロックソフト」が開発されている（「損失額は2兆円以上　メディアに死をもたらす『広告ブロック』ソフト」Forbes Japan 2015/8/15）。

記事によれば、広告ブロックソフトを使用したことで、二〇一五年はメディア側に二二〇億ドル（約二兆七四〇〇億円）の損失が生まれるとのレポートが発表された。広告ブロックソフトはおもにPC向けで、世界で一億九八〇〇万人に利用されており、その数は年々増えているという。当時の最新OSとして期待された iPhone の iOS9 にも広告ブロック機能が実装されることが決まっており、その後のデジタル広告に大きな変化をもたらすといわれた。

アップルが広告ブロックソフトを導入するのは、グーグルへの攻勢と見るのが一般的だ。グーグルは広告で儲けているが、アップルはそれほど広告に依存していない。ゆえに Android ユーザーを iPhone へと誘導するためには、広告ブロックソフトが有効だと考えたわけである。

広告のブロックを喜ぶユーザーがいる一方、ホームページを維持するために広告を設置している「善意のユーザー」が掲載する広告までもブロックしてしまえば、ブロックに負けない体力のある大企業だけが残る、といった事態が生まれかねない。

ゆえに、この広告ブロックソフトの普及については、いまだに賛否両論が存在するのが現状だ。

グーグルとフェイスブックの広告フィルター機能対策

広告ブロックソフトが普及するなか、グーグルは自らが搭載する広告フィルター機能を推奨しはじめる（**「Chrome に『広告フィルター機能』搭載を Google が正式発表、自サイトがフィルタリング対象かどうか調べる『Ad Experience Reports』も提供開始」GIGAZINE *2017/6/2***）。

グーグルの収入の多くは、広告費が占めている。ただし、グーグル傘下のユーチューブが不適切な広告を表示したことで、ユーチューブへの広告出稿が減少した一件などもあり、ただ単に広告を表示するのではなく、適切な広告を見せることが求められるようになった。

前述のように広告ブロックソフトはすでに登場しているが、同ソフトを導入している場合、ニュースサイトによっては記事を読めなくするなどの措置を取るといった対策が講じられた。もちろん、広告ブロックによって収入源を断たれることになるからである。

そんななかグーグルは、世界シェアの六割を占めるブラウザの「Chrome（クローム）」で、二〇一八年初頭までにPCやスマホから不適切な広告を表示させないフィルター機能を搭載すると発表。広告をブロックするのではなく、フィルター機能によって広告を選別し、ユーザーと広告の良好な関係を維持しようというわけだ。

広告ブロック機能については、フェイスブックも動いた。機能が全面化され、ユーザーに支持されれば、IT企業は苦境に立たされるからだ（**「Facebook、広告ブロッカーを排除へ——独自の広告制御を強化」CNET Japan *2016/8/10***）。

そして二〇一八年になるとフェイスブックは、約二億人が利用しているともいわれるPC版の広告ブロックソフトを使用禁止にして、代わりに一七億人にのぼる全ユーザー（当時）が、表示する広告を自分で決められる機能を搭載したと発表。収入源である広告のすべてをユーザーがブロックすることを、フェイスブックは望まない。ゆえに、どのような広告なら見たいのかを、ユーザー自身が設定できるようにしたということだ。

確かに悪質な広告は見たくない。だが前述のように、すべての広告をブロックしてしまえばフェイスブックに限らず、ウェブページやブログなどを運営する多くの一般ユーザーも収入源を絶たれることになってしまう。これは問題だ。

さらに、広告が邪魔だと考えるユーザーもいれば、検索履歴といった情報から商品などを提案するターゲット広告のように、個人の趣味に適応した広告に気持ち悪さを感じるユーザーもいる。一方で、必要な広告は欲しいと思うユーザーもいる。このようにデジタル広告をめぐっては、どのようなあり方が最善であるのかについて、広告主やIT企業、そしてユーザーが模索している。

昨今は、ウェブページやブログを無料の広告で運営するのではなく、定額の料金を支払うことで、広告なしにサービスを利用できる「サブスクリプション」が人気だ。広告に大きく依存することなく、自社サービスを運営しようという姿勢は、少しずつＩＴ企業各社が打ちだしつつある。

先に論じたネットフリックスやスポティファイはもちろんのこと、海外ではニューヨーク・タイムズなどの新聞社も、サブスクリプションによって多くの読者をネット上で獲得している。一方でジャーナリズムなど、とりわけ公共性のある問題に対する良質な情報が「課金（ペイウォール）」に限定されてしまえば、課金ユーザーとそうでないユーザーのあいだに情報格差が生じる、という懸念もある。

もちろん、新聞は最初から有料であり、本も購入しなければ読むことが（基本的には）できない。その意味で、むしろ何でも無料だったネットのほうがおかしい、という意見も当然と言えば当然だ。

いずれにせよ、広告モデルからサブスクリプションモデルへの流れは、広告主優先のモデルからユーザー優先のモデルへの転換をはかるためのものでもある。本書の随所で論じるサブスクリプションモデルには、そのような意図があることを念頭に入れておくべきであろう。

広告の新たなかたちは「音声」にある⁉

最後に、広告の新たなかたちとして注目されている「音声」について触れておきたい。

本書の「ＣＤのない生活」（七四頁）で論じたスウェーデン発の音楽聴き放題サービスの「ス

ポティファイ」。スポティファイ日本法人へのインタビューによれば、スポティファイユーザーは平均で一日二時間ほど音声を聴いているという。そして、ネットフリックスと同様、ユーザーの好みの曲を分析してくれる。よって、無数にある楽曲のなかから、ユーザーが選ばなくてもユーザーが好きそうな曲をオススメしてくれることはすでに述べた。

スポティファイの特徴が無料会員の設定にあることにも触れたが、無料会員になると曲と曲のあいだに音声広告が入る。ナレーションやBGMで構成する「デジタルオーディオ広告」といわれるものだ。ラジオ広告のように音声で聴く広告は、テレビCMやPCのように目を使うディスプレイ広告と比べ、広告認知度が高いという調査もある（「『Spotify の広告は、完全視聴が前提であることが強み』：スポティファイジャパン 小林哲男氏」DIGIDAY 2017/9/28）。

たとえばネットフリックスは、ヒップホップを題材にしたオリジナルドラマ『GET DOWN』のプロモーションにスポティファイのオーディオ広告を利用したところ、広告を配信されたユーザーの八九％が広告を認知したと答えている。エンターテイメント業界で比較すると、ディスプレイ広告（目で見る広告）の平均的な認知率が五九％なので、音声広告は相当高い効果を期待できることがわかる。

ネットフリックスやスポティファイのように、データ分析の結果からユーザーの好みを把握する場合、ユーザーの嗜好《しこう》に合わせた広告を打つことはますます重要になる。そんななか、近年のIT商品で注目されているのが「スマートスピーカー」だ。

アマゾンやグーグルが先陣を切って発売し、LINEからも発売されているスマートスピーカーは、二〇一七年のＩＴトレンドのひとつであった（くわしくは5章で触れる）。
少しずつ家庭に普及するなかで、スマートスピーカー経由の音声広告について、企業も模索しはじめている。ウォッカのブランド「スミノフ」で有名なイギリスの酒類メーカーのディアジオ（Diageo）は、カクテルのレシピについて音声検索したときに、カクテルに使用する酒の広告を入れる、といった戦略について試行錯誤をはじめているという（「『音声検索の時代』への布石を打つ、ディアジオの考え方」DIGIDAY 2017/9/26）。

音声は視覚と異なり、多くの情報を一気に伝えることは困難だ。他方、スマートスピーカーが普及すれば、なにげない会話の積みかさねやひとつの話題を集中的に突きつめるといった行為から、ユーザーの好みを発掘することが可能になる。

ディスプレイ広告よりも音声広告のほうが認知しやすいのだとすれば、ユーザー自身がまだ知らない「自分の好み」を発掘しようとする場合、音声広告を利用するほうが気づきの近道になり得る。

そのような「発掘」行為には当然、よい点もそうでない点も含まれるだろう。とはいえ音声は、デジタル広告の新たな領域を開拓する大きな可能性を秘めているのである。

3
キーワードで読むネット社会
~押さえておきたいネットにからむ６つの言葉~

3Dプリンター ～データの流通で誰もが銃を作れる!?～

一時期ほどは、その名前を聞かなくなった3Dプリンター。とはいえ、試作品を製造する際の手間が省けるだけでなく、建材などを3Dプリンターで作って家を製造するといった大きなものから、薬などの細かな商品の製造を可能とする優れものである。

とはいえ、優れものであるがゆえに発生する問題もある。3Dプリンターで拳銃を製造したというニュースを取りあげてみよう（**「日本で3Dプリンターでピストルを製造した男が逮捕——何で作ろうと銃は銃」TechCrunch 2014/5/9**）。

二〇一四年五月、樹脂製の拳銃を3Dプリンターで製造・所持したとして、銃刀法違反の容疑で二七歳の私立大学契約職員の男が逮捕された。犯人は自ら銃の製造について「実弾を発射できる世界最初の3Dプリンターで出力されたリボルバーが日本で作られた」と宣言し、動画も公開したことで警察が動いた。

犯人は、銃を所持する権利は基本的人権という思想の持ち主。警察が調べたところ、犯人が作った銃は、厚さ二・五ミリのベニヤ板一〇枚を貫通させる性能があることが確認されており、十分な殺傷能力があると判断された。アメリカの非営利組織「Defense Distributed」が二〇一三年に作成した3Dプリンター銃「リベレーター（Liberator）」の設計図を元に作成したものと見られている。

通常、拳銃には製造番号が付けられている。犯罪などで使用された場合に、製造元を追跡するためだ。しかし、3Dプリンターで製造した銃にはそのような決まりはない。つまり、犯罪に利用するにはうってつけ、という面がある。それどころか、銃の所持に必要な所有許可証も、この銃の場合、アメリカでは必要ない。よって、未成年が自分の銃を所持することが可能となる。

犯罪に利用するのではなく、護身用に銃を所持することに肯定的な人がいるかもしれない。だが、3Dプリンター銃が危険なのは、試し撃ちの段階で銃が壊れ、作り手がケガをすることが考えられる点だ。護身用と思って製造してみたものの、撃ってみたら自分を傷つけることになってしまった、という事態になりかねない。

いずれにしても、日本では無許可で銃を所持するだけで銃刀法違反である。くれぐれも興味本位で3Dプリンター銃を製造しないこと。

かねてから銃問題で揺れるアメリカでは、3Dプリンターを利用した個人の拳銃製造が大きな問題となっている。リベレーターの設計図を公開した前述の非営利組織に対しては、発表当時、米国務省からすぐに通達があり、ダウンロードができなくなった。その後は、ファイル共有ソフトなどをとおして設計図が出回っているという。

3Dプリンター銃には金属部分が少ないため、空港などのセキュリティチェックを素通りできる可能性がある。イスラエルのテレビ番組では、ジャーナリストが3Dプリンターで製造した拳銃を持ったうえで、イスラエル議会のセキュリティチェックをすり抜ける姿が放送された。

日本で事件が起きた二〇一四年から五年が経過しているが、アメリカではこの問題はまだ解決していない。二〇一八年三月、ユーチューブは銃器に関するコンテンツポリシーを追加し、3Dプリンターなどを使って銃を製造する動画の投稿を禁止した。他方、前述の非営利組織は、さまざまな手段を使って3Dプリンター銃の製造方法の拡散を進めつづけている。

日本で暮らす私たちにしてみれば、拳銃を自作することには多くのリスクがともなうことはまちがいない。社会的な合意を得ることもむずかしいだろう。新しい技術が新しい社会問題を生むことはよくあるが、3Dプリンターと銃の関係はその象徴とも言える問題だ。

故人のプライバシー ～恋文を公開された川端康成の思い～

誰にだって、見られたくない「黒歴史」のひとつやふたつはあるものだ。深夜に書いたラブレターを次の日に読みかえし、恥ずかしさのあまりビリビリに破いたといった記憶を持つ読者もいるかもしれない。そう考えてみると、SNSを経由して簡単かつ即座にラブレターを送れるこの時代は、黒歴史が大量発生する時代といえるだろう。

見られたくないものが他人によって勝手に公開されたら、読者はどう思うだろう。たとえば、プライベートな日記や恋人に書いたラブレターなどは、たとえそれが亡くなった偉人のものであったとしても、公開されたら何だかやるせない気持ちにならないだろうか。

もちろん、古代の哲学者や作家、科学者の日記には、その人たちの思想を知るための手がかりとなるなど学術的に大きな価値を含むものもある。そうはいっても、ある個人のプライベートな情報を他人がどこまで公開してよいか、という問題もある。

今回紹介する恋文の書き手は、ノーベル賞作家の川端康成《かわばたやすなり》である。小説内で登場する女性に宛てた未投函の恋文が、川端が暮らした家で見つかったという。専門家も注目するもので、二〇一四年七月に岡山県立美術館で公開された（**「川端康成、学生時代の恋文発見『伊豆の踊子』などに影響か」日本経済新聞電子版 2014/7/8**）。

公開された一一通のうちの一〇通は女性から川端に宛てたもので、残りの一通は川端が女性に宛てた未投函のものであった。この女性と川端は結婚を誓いあった関係だったが、その思いは果たされなかった。

発見された未投函の恋文には、川端の女性に対する気持ちが赤裸々《せきらら》に綴《つづ》られている。とはいえ、その内容をここで紹介はしない。気になった読者は、検索すれば恋文の一部を読むことが可能である。

このニュースについて、ネットでは「かわいそう」「つらすぎ」「黒歴史じゃないか」といったコメントが寄せられていた。だが、この問題の本質は、作家のプライバシーはどこまで守られるべきか、あるいはどの程度の時間が経過すればプライバシーを公開してもよいのか、という部分である。

作家は自らの人生経験を糧に作品を発表することもあり、文学研究の立場から見れば、恋文の内容は重要な資料だ。だからといって、個人のプライバシーを勝手に公開していいのか。故人である作家にうかがいを立てることができない以上、複雑な問題をはらんでいる。ひとつの手段として「それは遺族が判断する」という考えもあるが、それでも作家本人の気持ちと一致するわけではない。

これは有名な作家のケースだが、一般人であっても、いまはネットによって、過去の自分の発言などが、望まなくとも永遠に残る可能性がある。過去に語ったことがいま考えてみると不適切だったり、昔と今とで意見が変わっていたりしても、ネットに公開してしまったら自分の履歴として他人に参照されてしまう。よく考えてみれば、恐ろしいことである。

私たちは、つねに変化のなかで生きている。ときには過去の過ちや失敗に悩まされ、ときには未来に目を向けている。とはいえ、過ちや失敗は「忘れる」からこそ、乗りこえられる場合がある。ならば、過ちや失敗が永遠に残ってしまうと、私たちはどうなってしまうのだろう。そして、過去の自分の姿がいつまでも残ってしまうネット空間と、私たちはどのように対峙すべきなのか。

もちろん、忘れてはならない過ちや失敗もある。この問題については、4章の「忘れられる権利とは」（一六八頁）の部分でさらに検討していきたい。

ネットとチャリティー～アイスバケツチャレンジとは何だったのか～

ネットでは、つねにどこかで祭りが生じている。「炎上」のようにスキャンダラスなものもあれば、チャリティーで大勢を巻きこむようなものもある。

二〇一四年に話題となったのが「アイスバケツチャレンジ」だ（**「ちゃんと知りたい、ALSとはどんな病気なのか：アイス・バケツ・チャレンジを経て」WIRED 2014/8/31**）。

もともとアイスバケツチャレンジは、筋《きん》萎《い》縮《しゅく》性《せい》側《そく》索《さく》硬《こう》化《か》症《しょう》（ALS）の治療法研究を支援するためのチャリティーとしてはじまった。ALSは発症後三年から五年で患者のふたりにひとりが亡くなる難病で、治療法は確立されていない。理論物理学者で、二〇一八年に亡くなったホーキング博士が発症していたことで知られている。

アイスバケツチャレンジの方法は、バケツ一杯の氷水をかぶり、そのあと三人を指名。指名された人はバケツで氷水をかぶるか、一〇〇ドルをALS協会に寄付するというもの。フェイスブックのマーク・ザッカーバーグが氷水をかぶると、指名されたビル・ゲイツが挑戦を受けて立った。

世界中の有名人が参加し、日本でも多くの有名人が参加したこのチャレンジ。ネットでは好意的な意見もあれば、氷水は危険であるとかチャリティーの本質を見あやまっているといった反対意見も見られた。

筆者は、チャリティーそのものは社会的な意義があるのだから、お祭りを楽しむ人は楽しみ、共感して寄付する人はどんどんすればよい、という考えだ。

ネットの反対意見を読んでみると、批判されているのはチャリティーそのものではない。むしろ多くの人々が「空気を読んで」、このチャレンジに批判を集中させていたように思われる。この「空気」は古くから日本に存在するもので、山本七平《やまもとしちへい》が『「空気」の研究』（文春文庫）で論じて以来の問題だ（ここで言う「空気」とは、自らの意見ではなく、世論に「忖度《そんたく》」することで醸成される社会的な雰囲気を指す）。

多くの日本人は、その場の「空気」を読んで議論を形成する癖があると言われる。たとえば、会社の会議では発言せずに、議題の内容を肯定する。しかし、退社後の少人数の飲み会では、会議の内容について「あれはない」と批判する。なぜ会議の場で発言できないのか。それは、（主体性の欠如と）会議では発言できない「空気」があるからだ。

もともとアイスバケツチャレンジは、一部の有名人（セレブ）や、アーリーアダプター（流行に敏感な人々）のあいだのチャリティーとして認知されていた。有名人であれば一般大衆の目を気にするのは当たり前であり、またチャレンジが売名であれ何であれ、社会的に意義のあることであれば問題ないはずだ。

だが、その存在がネットによって知られることになり、世界中の一般人も気軽に参加するようになった。そうなると、「自分も指名されるかも」といった不安を惹起させたり、「セレブの祭りになぜ一般人が」と嫌悪を感じる人々もいて当然であろう。その思いが批判につながったとも考えられる。

前提として、人々がチャリティーに参加することはよいことだ。一般の人であっても、楽しみながらチャレンジに参加したり、寄付をすることに何の問題もない。しかしながら、ネットによって可視化されたチャリティーは、空気を読みあう日本人の圧力のもとで変形し、チャレンジに参加することのない一般人が勝手に身近なものとして認識したあげく、批判を買うことになった。

その批判は、純粋にチャリティーを楽しむ人々のお祭りを、ある意味で台無しにした側面がある。「氷水が危険だ」という批判は、正当な批判だろうか。チャレンジする人は、そんな危険性など承知のうえではないのか。ならば、それは批判とはいえない。

「祭りに強制的に参加させられる人の気持ちも考えろ」と思う読者がいるかもしれない。望まない祭りに強制的に参加させられるようなことがあれば、確かにそれは批判されるべきだ。しかし考えてみれば、その批判は強制する側の問題であり、チャリティー自体には関係がない。同時に、強制を断る勇気の欠如が、日本の独特の「空気」を醸成する一因になってはいないだろうか。

そもそも、この祭りに乗れないなら、乗らなければいいだけの話だ。指名されて、チャレンジを辞退した有名人もいる。その理由は明確で、他人からの指名でチャレンジしたり寄付したりするのは嫌、ということだ。あるいは、ＡＬＳ以外の難病や災害があるのに、特定の難病だけに寄付することに違和感を覚えた、という人もいた。

ようするに、やりたくないなら「私はしない」と言えばいいだけのことなのである。指名されたからといって、強制されたという「空気」を勝手に感じたり、指名されてもいないのに「他人の気持ちを考えろ」と批判するのはお門違《かどちが》いと言わざるをえない。

同様に、断ったことで「空気が読めない」と思ったり言ったりする人がいれば、それも問題だ。その意味で、批判するにせよ肯定するにせよ、この「空気」が問題を複雑にする大きな要因となっていることがわかる。

世間の人々は忙しい。著名人でもない一般人に、いちいち指名などしない。仮にそうであっても、断るか、そうでなければチャリティーに共鳴して寄付を行えばいいだけのことだ。アイスバケツチャレンジをめぐる一連の問題は、チャリティーの是非ではなく、私たちが感じている「空気」の正体や、日本に住む人の多くに欠如した「主体性」の問題が表出する機会になったのではないか。

ネットは、「空気」を読みながら「どの立場で語るのが正しいか」を判断するような、主体性なき場となりつつある。チャリティーを批判する前に、そうしたネットの構造について考えなければならないだろう。

ハッカー～格安で自動運転車を作る頭脳～

ハッカーと聞いて、読者は何を思い浮かべるだろうか。おそらく、コンピュータを使って悪さをする人、といったイメージを抱く人が大半なのではないか。ハッカーは本来コンピュータを愛し、工夫を凝らして創造性を発揮する人を指す。犯罪者を指す言葉ではない。コンピュータを使用して、意図的に犯罪を犯す人はクラッカーと呼ばれる。

このハッカーのなかには、自力で自動運転車を作ってしまうような天才もいる（**「伝説的ハッカーが自動運転カーをわずか1カ月で自作、すでに公道走行済み」GIGAZINE 2015/12/17**）。

一九八九年生まれのジョージ・ホッツは、一七歳だった二〇〇七年に、個人として世界ではじめてiPhoneのセキュリティを突破した。

iPhoneにはさまざまなセキュリティがかかっており、これを外すことで（当時は利用が限定されていた）通信事業者を自由に選んだり、iPhoneの機能を利用したアプリを作成することを可能にした。専門用語ではこれを「脱獄（Jailbreak）」という。同様に彼は、二〇〇九年にはプレイステーション3の脱獄に誰よりも早く成功し、ソニーに訴えられるなど、天才であると同時にお騒がせな人物としても有名だ。

そのホッツが、自分で自動車を改造し、自動運転車を作りあげた。三〇〇万円程度の自動車に六つのカメラを搭載。カメラとセンサーからデータを収集し、人工知能で自動的に処理するシステムを構築したのだ。そして彼は、自動運転システムにアクセルやブレーキまで自動でできるように学習させた。自動運転車の開発で有名なテスラ（Tesla）のイーロン・マスクCEOも、彼を高く評価している。

ホッツは、会社を作ったうえでこの自動運転システム（Comma One）を一〇〇〇ドル程度で一般に販売する予定だった。しかし、システムを完成させる前に米国運輸省から届いた手紙を読み、販売中止を決定した。手紙は、このシステムが厳格な基準を満たしているかを確認するもので、ホッツはその確認に膨大な時間と費用がかかることを懸念した。その後、ホッツは作っていた自動運転システムのプログラムを無料で公開している（**「天才ハッカーが市販車を『自動運転カー』に変える改造キットの制御ソフトをオープンソース化、誰でもダウンロード可能に」GIGAZINE 2016/12/6**）。

そもそも自動運転システムをひとりで作るのには無理がある。というのも、PCのプログラムと異なり、自動運転車は一歩まちがえれば人の命を奪うことになるからだ。コンピュータの場合は、パソコンのOSに見られるように、まず公開して、のちにアップデートを繰りかえす方法が取られている。

自動運転車は現在も世界中で開発が進められているが、途中でアップデートすることはありえても、最初のプロダクトの段階で、厳格なレベルのものが要求される。車という商品は、少しのバグがユーザーの命にかかわるからだ。コンピュータと自動車の大きな違いは、ここにある。

ちなみに、ハッカーの多くは「いじる自由」といわれる権利を主張する。昨今の精密機器は複雑化しており、中を開けたり改造することを禁止している企業も多い（技術流出を防いだり、単に危険だからという理由もある)。しかし、自分が購入したものを自分でいじることがなぜ否定されなければならないのか。自分で買ったものは自分のものであり、好きにいじることが可能だ、とハッカーは考える。

身近にある精密機器を分解してしまう子どもがときおりいるが、分解することで内部構造を知るという行為は、学びを得る大きな機会にもなる。そして、分解を繰りかえすことはイノベーション（技術革新）の源泉にもなる。

アメリカなどでは、「いじる自由」のほかに「修理する権利」を主張する人々もいる。メーカー以外では製品の修理を受けつけないアップルなどを批判し、自分たちで機械を修理しようという考えである。

いずれにせよ、ハッカーのなかには天才といえるような頭脳を持つ者も多い。アメリカではこうしたハッカーを企業や公的機関が雇ったり、ハッカーのハッキングの腕を競う競技コンテストが行われたりしている。

こうした事情に触発されたのか、日本でもハッカーを育てようという動きがある。二〇〇四年からは独立行政法人の「情報処理推進機構」が「セキュリティ・キャンプ」と称して、二二歳以下の学生を対象に、合宿形式でセキュリティ関連の研修を実施している。同機構によれば、「若年層に対して、情報セキュリティに関する高度な技術教育を施すことで、次代を担う情報セキュリティ人材を発掘・育成」することが目的という（**情報処理推進機構ウェブページを参照→https://www.ipa.go.jp/jinzai/camp/index.html**）。

日本はセキュリティの専門家が足りないといわれることは多い。ゆえにセキュリティ・キャンプのような、優秀な技術を持ったハッカーを発掘・育成する取り組みは重要だといえよう。一方、こうした取り組みの背景には、あまりにも優秀であるがゆえに、その力を持てあまし、犯罪に手を染める若者があらわれないようにする、という目的もある。

スノーデン　～私たちが彼から学ぶべきこととは～

エドワード・スノーデン。二〇一三年にアメリカ政府の不正を内部告発したことで一躍話題となった彼のことを、読者は覚えているだろうか。

スノーデンは現在ロシアに亡命中だが、二〇一六年に日本で開催されたシンポジウムにウェブ中継のかたちで登場した。ここでは筆者も取材に行ったそのシンポジウムの内容について触れたい（**「スノーデンが語るプライバシ――自分に関わる権利とは何か――」Yahoo!ニュース個人で筆者が執筆 *2016/6/5***）。

二〇一六年六月四日に東京大学福武ホールで行われたのは、自由人権協会七〇周年プレシンポジウム「監視の今を考える」というイベントだ。ニューヨーク市警がイスラム教徒に対して監視を行っていた問題をあつかうなか、スペシャルゲストとしてロシアにいるスノーデンと中継をつなぎ、インタビューが行われた。

スノーデンは、これまでやってきた自らの活動を報告するとともに、日本の特定秘密保護法が人権保護などの観点から問題だと指摘。また、アメリカは国民に向けた大量監視はやめたが、外国人への監視は依然として続けていることなどを語った。

彼の発言のなかで重要だと思われるのは、国家による監視の線引きが行われなくなってきたという指摘だ。これまでの監視技術は、「特定監視（ターゲット・サーベイランス）」という、特定の個人だけを狙い撃ちして行う監視だった。しかし、インターネットをはじめとする情報技術の発展によって、政府は「大量監視（マス・サーベイランス）」が可能になったという。

それは、SNSなどネット上にあるすべての情報をあらかじめ収集・分析することで、犯罪者をデータのなかから炙《あぶ》りだすことを可能にする、という方法だ。もちろん、そのためには膨大な数の一般市民の情報も収集されることになる（それゆえに「大量監視」なのである）。大量監視が可能になると何が変わるのか。一言で言えば、それはすべての国民を「潜在的犯罪者予備軍」としてあつかうことになる、ということだ。

国家にとって国民は守るべき対象である。だが監視技術の発展によって国家による国民の監視が常態化すれば、国民が国家に反逆する可能性を、国家はより多く考えるようになっていく。そして、国家に反している情報がないかと、国民の情報を少しでも多く得ようとする。つまり、国民を大量に監視すればするほど、国家は逆説的にも不安にさいなまれ、不安ゆえにより多くの監視を行おうとする。

大量監視が可能になった社会では、少なくとも理論上は「善良な市民」は存在しないことになる。国家は国民を犯罪者、もしくは犯罪者に「なりかねない」者として見なす。この考え方は、健康管理をビッグデータで行う場合、「健康な人」という概念が存在しないのと似ている。健康管理の場合、誰もが「病人予備軍」として認識されるのと同じだ。

シンポジウム会場からかけられた質問に対するスノーデンの回答も興味深かった。質問の内容は、「自分はテロリストでもなければ、やましいこともしておらず、ゆえに監視されても問題ないと考える日本人は多いと思うが、それについてどう思うか」というものだ。

これに対してスノーデンは、隠しごとがなく、やましいことをしていないのなら監視されても心配ないというのは、ナチスの方法論だと答えた。この方法論が通用するならば、何を隠し、何を隠してはならないかといった、国民一人ひとりの内面にまで国家が介入することを許してしまうことになる。くわえてスノーデンはプライバシーとは情報を隠すことではなく、本来は自己に対する権利を指すと述べている。これはどういうことか。

そもそも、隠したいものを隠すことがプライバシーの本義ではない。プライバシーの考え方のひとつに「自己情報コントロール権」というものがある。これは、隠すことも公開することも自分自身が決定する、という考え方にもとづいている。読者にも、知人に話せること、親友に話せること、家族に話せること、恋人に話せることなど、相手によって話す内容を変えているのではないか。その意味でプライバシーとは、自分自身に関わる、つまり自分のことを自分で決める権利であると解釈できるのだ。

「隠し事がないなら何を監視されてもいい」という考えは、裏を返せば国家が国民のすべてを知る権利があると解釈されかねない。そうなれば、国民が知られたくない情報は国家にとっての害悪と認識され、国民もそのような図式を無意識に受け入れてしまうかもしれない。結果として、少なくとも論理的には、国民の生き方を指導する権利を国家が担うことになる。そんな社会に生きる個人は、自律した個人とは呼べないだろう。

自分の情報を自分でコントロールするという考え方は、哲学者のカントの考えに近いものだ。カントは『啓蒙とは何か』（光文社古典新訳文庫）のなかで、「知る勇気を持て」という有名な言葉を読者に投げかけている。

他人の指示がなければ行動することができない人のことをカントは「未成年状態」としたうえで、「自律」とは自らをコントロールし、他者の指示なしに歩みを進めることだと主張している（その歩みのことをカントは「啓蒙」と捉えている）。

自分は何を知りえるか、何をなすべきか、何を望んでいいか。自律するとは、そうしたことを自分で考え、コントロールすることだ。スノーデンの発言に重ねあわせれば、プライバシーとは、まさにカントが述べるような自律に向かうための権利だと解釈できるだろう。

本書では随所に、筆者の問題意識である「自分に関わる」ということについて述べている。情報社会は毎日が目まぐるしい勢いで動いており、自分が何をしているのかさえ、ついわからなくなってしまう。そんな状況のなか、自分自身に関わることを忘れてしまってはいないか。この問題を、情報技術を拒否するだけでなく、どのような付きあい方のなかで取りもどす（あるいは構築していく）のかが、問われている。

いずれにせよ、スノーデンは、「プライバシーとは情報を隠すことではなく、自己に対する権利を指す」という、当たり前ではあるが、とてつもなく重要な発言をしたのだ。

「保育園落ちた日本死ね」～これはただの「汚い言葉」なのか～

インターネット発のムーブメントが珍しかった時代も今や昔。ネットでは日々、さまざまな議論や運動が生じており、ムーブメントのための「署名サイト」などもある。

二〇一六年に匿名ブログで待機児童問題を提起した「保育園落ちた日本死ね」という言葉。よくも悪くもタイトルの力強さと相まって、テレビや新聞などでも大きく報じられ、結果的に待機児童問題が社会に広く認知されることになった。

二〇一六年一二月には、「保育園落ちた日本死ね」が流行語大賞に選出され、その選出を受けてさまざまな問題が生じた（**「流行語大賞『日本死ね』につるの剛士さんが違和感／『僕はとても悲しい気持ちになりました』に賛否の声続々」ロケットニュース24 2016/12/2**）。

事の発端は、「保育園落ちた日本死ね」が二〇一六年の新語・流行語大賞のトップテンに選ばれたことを受け、国会でこれを取りあげた民進党（当時）の山尾志桜里《やまおしおり》議員が匿名ブロガーの代理で受賞式に参加したことである。これに疑問を抱いたタレントのつるの剛士《たけし》が、同年一二月二日に以下の内容をツイートした。

『保育園落ちた日本死ね』が流行語。。《ママ》　しかもこんな汚い言葉に国会議員が満面の笑みで登壇、授与って。何だか日本人としても親としても僕はとても悲しい気持ちになりました。きっともっと選ばれるべき言葉や、神ってる流行あったよね。。《ママ》　皆さんは如何ですか？」（ちなみに、「神ってる」は二〇一六年の流行語大賞だ）。

この投稿は、つるのの思惑を（おそらく）超えて大きな議論を呼んだ。「保育園落ちた日本死ね」に関して、「私も違和感がありました」「悲しい流行語です」とつるのに賛成する声がある一方、（待機児童問題を）「社会がとりあげることに意味がある」と評価するものもある。つるのはその後、きれいな言葉が必要と感じたわけではなく、あくまで「死ね」の言葉が流行したということに違和感を持った、と述べた。

筆者はここで、つるのの発言を肯定／否定したいわけではない。そうではなく、この問題が提起したことや、議論の盛りあがりから見えてきたものについて考察したい。

まず、「死ね」という言葉の持つネガティブな印象が人の心を動かすのは確かである。二〇一六年はアメリカ大統領選挙が行われた年であり、ドナルド・トランプの過激な発言が世界中で取りあげられた。人気取りのための汚い言葉遣いは忌避されながらも、人々を引きつける。

一方で、正しいことを正しい言葉で伝えるだけでは納得されない、というのも最近の目立った現象だ。どんなに正しいことであっても、それを表現する言葉がむずかしかったりわかりづらければ、忙しい日々を送る人々の心に言葉が届かない。

ダーティーであっても、感情に訴えるような言葉が人の心を動かす。

ならば、問題になるのは「よい汚さ」か「悪い汚さ」か、になるのかもしれない。悲しいことに、汚い言葉だからダメ、という考えはもはや通用しない。単純な善悪二元論ではなく、どういった「汚さ」ならば許されるのか。あるいは、言葉の表面的な部分にとらわれず、言葉の先にある本質に言及してから議論する。私たちにはそうした態度が求められているといえよう。

言論を生業《なりわい》にする筆者もそうだが、いわゆる「釣り」と呼ばれる感情のフックをもちいた言葉や、ついクリックしたくなるような記事のタイトル（たとえば「〜に必要な唯一の条件」といった表現）を利用しながら、まずはユーザーに問題の存在について気づいてもらう必要がある。先に論じたアイスバケツチャレンジと同じく、わかりやすさをとっかかりにする。そのうえで、わかりやすさの奥にある重要な問題に気づいてもらう。いわば言葉の先にある本質に気づくための「きっかけ」となる装置を作る必要がある。

だが、わかりやすさの部分だけで構成された言論の多くは、残念なことに「人々を感情的にあおるだけあおって終了」というもので、他者への理解や必要な制度についての知見を得るものではない。逆に、より対立を深めたり、より感情的にさせるためだけの言説があふれることも多い（こうした事例については4章で見ていく）。

話を「保育園落ちた日本死ね」に戻そう。汚い言葉ではあれ、「保育園落ちた日本死ね」は、大きな社会問題に対する人々の気づきをもたらすことに成功したという意味で、一定の公共性があった。一方で、そうした強い引きのある言葉や感情的なフックがなければ人々に気づいてもらえないという状態について、複雑な思いもある。

この「汚い言葉」をめぐる議論には、前述した日本的な「空気」が横たわっているように思われる。「汚い言葉は悪い」というのが、日本の「空気」のなかでは建前であり、前提となっているため、それを否定して「汚い言葉もよい」と主張するためには、いま述べてきたような説明をしなければならない。

日本的「空気」は「建前」と結びつくが、建前に始終するだけでなく、言葉の奥にある意味を、どのように公共的な問題に接続できるかが問われている。

ところで、二〇一六年のアメリカは、「本音」が暴走した年であったように思われる。特定の人種や民族に対する忌避を訴え、LGBTは嫌いだという人々が、差別との戦いに伝統のあるアメリカ社会で公然と本音を語りだした（その延長線上にトランプの当選がある）。

一方、日本では本音ではなく「建前」が暴走しているのではないか。それぞれに複雑な事情があるにもかかわらず、「不倫は悪い」という「建前の言葉」が跋扈《ばっこ》した結果、多くの有名人がネット上でリンチされることになった。建前を重視する人々の多くが、問題の背後にある個々人の複雑な事情など考えず、空気に支配され、感情をあおられてしまった結果である。

同様の問題を考察するにあたって、社会心理学者のポール・ブルームの著書『反共感論』（白揚社）は示唆に富んでいる。ブルームによれば、共感は社会的ムーブメントを起こすための重要な要素である。が、共感はしばしば暴走する。

ここでいう共感とは、一般的に「他人の経験を経験すること」であり、他者の痛みを自分の痛みとして受けとる能力を指す。ブルームはこうした共感を「情動的共感」と呼ぶ。このタイプの共感は、冷静な思考の登場をさえぎることがあり、限定された空間や仲間にのみ適応されがちだ。もうひとつの共感である「認知的共感」は、「感情抜きに他者の心に生じている事柄を評価すること」である。これは配慮や気遣いと呼ばれるもので、他者の感情には配慮するが、全面的な共感ではないということだ。

震災後の「絆《きずな》」に象徴されるような、一時的に「絆」をキーワードにして被災者に共感し、盛りあがり、支援の手を差しのべるようなものは「情動的共感」のよい事例といえよう。ただし情動的であるがゆえに一気に盛りあがり、時間が経てば冷めていきやすい。

またやっかいなことに、この感情の仕組みは、「絆」などのポジティブな事柄だけでなく、他者への誹謗中傷といったネガティブな事柄でも発動される。不倫の被害者に一方的に共感することで、むしろその背景にある不倫をした／された者たちの人間関係にまで思考がおよばなくなるケースがそれであり、瞬間的に膨大な熱量のバッシングがしばしば繰りひろげられる。

他方、震災後の「絆」と一定の距離を取りつつ、同時に津波や原発事故の被害を心配するような気構えは、「認知的共感」だといえるだろう。物事をしっかりと見据えながらも、情動的な盛りあがりからは一歩引いて問題を観察する。

認知的共感は、持続的な問題関心を持つことが可能だが、一方で理性を行使しつづけることには「労力」がかかる。人生相談の相手をしてきた友人の話をていねいに聞き、共感もするが、冷静に問題を指摘する人は、友人に適切に配慮する「認知的共感」の担い手だ。

ブルームは共感をこのように区別し、認知的共感の重要性を訴える。とはいえ、認知的共感の精神を保つことは、なかなか困難な道である。言葉の表面的な意味がひとり歩きする社会のなかで、両方の共感のバランスを保つ方法論が求められている。

いずれにしても、他者に共感する際、私たちはつい情動的で、熱しやすく冷めやすくなりがちになる。しかし、ある意味では冷めた共感ともいえる認知的な共感をそこへ導入することで、バランスのよい共感を抱くことができるのではないか。

バランスのよい状態で共感できれば、「保育園落ちた日本死ね」という言葉に対して、よきにつけ悪しきにつけ過剰反応することなく、待機児童問題の深刻さを冷静に理解することができるかもしれない。

4

ネット社会の論点

～これだけは気をつけておくべき８つの話～

セキュリティと著作権を考える

顔認証から見えるセキュリティとプライバシー

いまやiPhoneにも搭載される顔認証機能だが、この技術は安全保障の観点から開発が進められた側面もある。

近年は、監視カメラから個人を判断し、治安維持に活かすなど、中国の顔認証技術の発展が目覚ましい。他方、アメリカも以前から顔認識技術の開発を進めている（なお、顔認証と顔認識は類似した概念だが、後者のほうがより広い範囲を含んでおり、前者はあくまで顔の認証に限定した技術を指す）。

飛躍的に進む顔認証システムの技術

二〇一三年にＮＳＡ（米国家安全保障局）の秘密をスノーデンが暴露したが、彼が開示した文書にもとづき、ニューヨーク・タイムズはＮＳＡが顔認識システムの開発をしていたと報道した（**「タグ付けされた自撮り写真は、ＮＳＡの顔写真になる」TechCrunch 2014/6/2**）。

アメリカの諜報機関が顔認識技術に強く依存するようになったのは、オバマ政権になってから。ＮＳＡは、ＳＮＳやメール、ビデオメッセージなどから日に数百万枚の画像を傍受・分析しているという。集めたデータを分析することによって、ＮＳＡは個人の特定を可能にするだけでなく、さらなるデータの抽出を目指すという。

これはどういうことだろう。たとえば現在、スマホのカメラ機能を使うと、自動的にレンズの先の人間の顔にフォーカスする。フェイスブックに上がった写真には顔の部分にタグ機能があり、各人の顔に情報を付与することができる。顔データに人の名前がひも付けられれば、その人に関する情報もフェイスブックから容易にたどることが可能となる。さらに、その人の友人の情報などにも接近できる。

こうして、顔情報のデータ化は、個人情報のデータ化にひも付くのである。

報道がなされた二〇一四年の段階で、ＮＳＡはすでにＧＣＨＱ（イギリスの政府通信本部で、ＮＳＡと同様の諜報機関）とともにウェブカメラの画像収集プログラムを作っていたことも暴露されている。また、フェイスブックも顔認識システムの開発に取り組んでおり、集団のなかで特定の個人を認識する精度は、人間の平均が九七・五％であるのに対し九七・二五％を達成したと発表された。すなわち、人の顔を正確に判断するという点で、人間もコンピュータも変わらないということだ。

もちろん問題もある。いつでもどこでも自分の顔データが収集・分析されるということは、監視カメラなどを利用されたら、自分がどこにいるかが分析する側へすぐにわかってしまう。ゆえにこうした技術は、治安維持や安全保障の観点からは必要とされる一方、いつも誰かに見られている状況を生じさせるリスクをともなう。

ここでもまた、安全保障とプライバシーの両立が可能か不可能かという問題が浮上する。

いつでもどこでも顔を認証されている⁉

ところで、顔データは商売にとっては非常に有益だ。だからといって、店のなかで勝手に自分の顔データが分析されることに問題はないのだろうか。

レジで客の顔の特徴などを収集し、そこから万引きを防止するシステムが導入されはじめているという。レジのパソコンには、客の年齢や身長などのデータが表示されており、万引き歴のある客が来店した場合には店員に知らせる仕組みだ。

顔データとレジのＰＯＳ（販売時点情報管理）を組みあわせれば、客の購買履歴も簡単に管理できる。万引き防止だけでなく、商品流通のデータ分析にも適用が可能となる（「入店時顔認証で万引警戒　大型書店など設置広がる」神戸新聞 NEXT 2017/5/31）。

ただしこのシステムを悪用すれば、あるユーザーがどこで何を買ったか、どの駅を利用したか、どのホテルに泊まったか、といった個人情報が簡単に収集できてしまう。顔データは二〇一五年秋に改正された「個人情報保護法」で「個人識別符号」あつかいとなり、利用の際には対象となる人にその目的を示さなければならなくなった。法的には、重要な個人情報であると認定されたのである。

だが、実際には客が気づかぬうちにデータが取得されてしまっている。コンビニなどで「ビデオカメラ作動中」という表示をよく見かけるが、カメラから個人の顔データが収集され、さまざまな用途で分析されていることも考えられる。はたして「ビデオカメラ作動中」と表示することで、「客に通知した」ことになるのか。

そもそも顔データは、プライバシーの観点から多くの問題をはらんでいる。たとえばいま述べたように、コンビニで客を撮影するのが肖像権侵害なのかを争った裁判が二〇一〇年にあった。その際には、防犯カメラが固定されていることから、特定個人の行動は追跡できないという理由で、肖像権侵害には当たらないと判断された。だが、技術発展が進むなかで、今後もそのような判断を続けていいのかどうかは疑問だ。

いずれにしても昨今は、ちょっとしたデータであってもほかのデータと組みあわせて分析すれば、さまざまな個人情報を発見することが可能になっている。有名なところでは、海外のあるショッピングサイトが一〇代の女性に対してベビー用品のクーポン券を配布したところ、女性の両親が怒って抗議したという話がある。うちの娘は一〇代で、まだ子どもなどいない、と。だが、ふたを開けてみれば女性は妊娠していた。単にサプリメントやローションなど、女性が購入した商品の組みあわせから機械が勝手に判断し、クーポン券が配布されたのであった。

この話は、「親よりも機械のほうが娘のことを知っている」事例として話題になった。

二〇一四年四月には独立行政法人「情報通信研究機構」が、ＪＲ大阪駅と駅ビルで顔の特徴データから人の動きを追跡する実験を予定した。しかし、プライバシー侵害の懸念があるとの声が多くあがり、延期された（**「JR大阪駅ビルの「顔識別」実証実験、プライバシー侵害の懸念から延期」日経tech 2014/3/11**）。

いずれにせよ、顔認識システムの需要は高く、国内市場は拡大していくことになろう。誰がどの店で何を何秒見つめたか、といったデータが入手できれば、それだけで客の購買行動をより詳細に分析することが可能となる。

以上で述べたように、顔データは安全保障や商売には非常に有益だが、プライバシーを踏まえると、複雑な問題を抱えていることがわかる。

顔認証技術ができること

続いて、iPhoneに搭載された顔認証技術について考えてみよう。

二〇一七年六月に日本で発売された「iPhone X」。その目玉機能のひとつが、顔認証機能「Face ID」で画面のロック解除を可能にするものだ。これまでのiPhoneに搭載されていた指紋認証機能「Touch ID」が五万分の一の確率でミスをするのに対し、顔認証機能ではミスが百万分の一となった（**「パスワードは顔に書いてある？ iPhone Xの『顔認証』は、どこまで安全なのか』WIRED 2017/9/24**）。

セキュリティレベルは指紋認証よりも顔認証機能のほうが高い。アップルの説明によれば、本人の写真や双子の顔、またハリウッドのメイクアップアーティストが作った本人の顔に似せたマスクを使っても、セキュリティを突破することはできなかったという。

顔認証技術は空港やショッピングモール、コンサート会場など、多くの人が集まる場所におけるテロリスト識別などに利用される。今後は、顔データを登録するだけで、コンサート会場の入退場が可能になるようなシステムも登場するかもしれない。

他方、米スタンフォード大学の研究によれば、人工知能に同性愛者の男性と異性愛者の男性の写真を見せたところ、八一％の確率で本人の性的指向について当てたという。人間での実験結果が六一％であることを考えると、顔からその人のアイデンティティを知る技術は、人より人工知能のほうが上だということになる（**「人工知能は顔写真を分析してストレートかゲイかを高精度で判別できることが判明」GIGAZINE 2017/9/11**）。

こうした技術が大きな問題をはらんでいるのは、いうまでもない。もっとも懸念されるのは、いわれなき差別を助長する可能性がある点だ。顔からその人のアイデンティティが分析できるという前提で、犯罪を起こしそうな、いわゆる「犯罪者顔」を人工知能が判断できると仮定しよう。そんな判断を理由に入店を断られることなど、とうてい許されることではない。

現状では店員の勘などで、何となく客が「怪しい」かどうかが判断されている。だが、顔認証を駆使した機械の導入で、皮肉なことに人間よりも高い確率で「怪しい」客を見つけだした結果として、人権問題が拡大するようになっては困る。

いずれにせよ、気づかぬうちに企業や政府が私たちの個人情報を勝手に収集し、さまざまな判断を勝手に行うような状況がおとずれる可能性は、ないとは言いきれない。一方で、顔認証システムは、使い方によっては非常に有益なのも事実だ。

問題は、どこまで顔認証システムの利用を可能とし、どこから利用を禁ずるか、といった規制の枠組みについての議論である。しかし、技術は議論のスピードをはるかに超えて進歩している。

ウイルスは知らぬ間にあなたのパソコンへ忍びこむ

身近なセキュリティの危機といえば、公衆無線LANを使ったWi-Fiスポットにも注意が必要だ。読者の多くも外で無料のWi-Fiを利用することがあるだろう。二〇二〇年には東京でオリンピックが開催されるが、外国人観光客の利便性に配慮して、今後もますます無料で利用できる公衆無線LANの増加が予想される。

問題は、そのWi-Fiスポットを偽造して、個人情報を盗む者がいるということだ。

知らないWi-Fiスポットは使わない！

二〇一六年、リオ五輪が開催中だったブラジルの都市リオデジャネイロでは、店のWi-Fiスポットが偽造され、そこから個人情報が盗まれていた。「無料で使える」と思ってWi-Fiスポットに接続すると、他人がクレジットカードや銀行口座までアクセスできてしまう状況であった

（「世界で最も危険なWiFiスポットはリオ五輪『ハッカーの祭典』状態に」Forbes Japan 2016/8/10）。

セキュリティ企業が正規のWi-Fiスポット四五〇〇地点を調査したところ、暗号化を採用していないのが一八%、さらに七%は暗号化が旧式のため、簡単にハッキングすることが可能だった。つまり、便利だと思って使っていたWi-Fiスポットは、じつはセキュリティレベルが低く、場合によっては情報が盗まれてしまう可能性があるということだ。

少なくとも、知らない名前のWi-Fiスポットや鍵マークが付いていないものについては、利用しないことを筆者は勧める。とくに海外ではその区別が判明しないことも多い。だからこそ、むやみに利用することは避けたいところだ。海外旅行中は自前のレンタルWi-Fiを使ったり、後述するように、通信のセキュリティレベルを上げるためのVPNなどを利用すべきである。

日本でも事情は同じだ。個人が経営する店でもWi-Fiが利用できるようになっているが、そのセキュリティレベルがどの程度のものか、一般ユーザーにはわからない。

身近なセキュリティ防衛策。それは「VPN」

いま述べたとおり、Wi-Fiスポットからインターネットに接続する際に利用されるのは、日本でも一般化した公衆無線LANだ。コンビニや喫茶店など、どこでも気軽にアクセスできるため、「ギガが減る」ことから私たちを解放してくれる。

しかし、公衆無線LANのなかには暗号化がなされていない、つまりセキュリティが低いものも多い。犯罪者が悪用することが可能なものもある。

最初に断っておくが、公衆無線ＬＡＮが暗号化されていないからといって、かならずしもあらゆる情報が盗まれるというわけではない。一方、通信記録などの情報が盗まれた場合、ストーカーなどにつけ狙われる可能性が十分にあることは知っておいてほしい（**「公衆無線ＬＡＮのリスクとその低減策を知る」マイナビニュース 2014/9/2**）。

それでも、公衆無線ＬＡＮは便利なので使いたい。そこで対策として有効なものに、ＶＰＮ（バーチャル・プライベート・ネットワーク）と呼ばれるサービスがある。簡単に説明すると、目的のサーバーにアクセスする前に、別のサーバーからアクセスすることで直接的なやりとりを防ぎ、セキュリティレベルを上げるというものだ。

ＶＰＮの設定は少しめんどうだが、セキュリティを守ろうと思うのであれば、めんどうを引きうける覚悟は必要であろう。

ちなみに、日本で提供されるＶＰＮで有名なもののひとつに、筑波大学が公開している「ＶＰＮゲート学術実験サービス」がある。コンピュータに慣れていないユーザーにとっては、設定が複雑かもしれない。だが、セキュリティを守るために必要だと感じた読者は、ぜひ導入を検討してほしい。

また、セキュリティレベルを格段に上げる有効な手段としては、二段階認証があげられる。

パスワードといえば、「１１１１」や「１２３４」などといったわかりやすいパスワードは論外だが、案外こうしたパスワードを利用するユーザーも多い。また、パスワードそのものは複雑であっても、パスワードを忘れた場合に使う合言葉である「秘密の質問」に根本的な欠陥がある、と二〇一五年五月にグーグルが発表した。

アカウント復旧の際に使われる「秘密の質問」についてグーグルが分析したところ、質問への答えがあまりにも簡単すぎる傾向が目立った（**「実は危険な〝秘密の質問〟、Googleが研究結果を発表」INTERNET watch 2015/5/22**）。

たとえば、「アメリカ人の好きな食べ物は」という質問に対する答えは、一回の推測だけで一九・七％の確率で言い当てられてしまったという（答えは「ピザ」）。また、韓国では「生まれた街」という質問には、一〇回ほど推測すれば三九％の確率で当たってしまうというデータがある。これほど簡単にログインできてしまえば、誰かが本来のユーザーになりすましてアカウントを乗っとってしまうことも可能になる。そこで必要なのが、二段階認証である。

二段階認証については、すでに知っている読者も多いと思われる。パスワードだけで認証するのではなく、パスワードを入力したあとで登録したデバイス（たとえばスマホのショートメール）などに一回限り有効な認証コードが送られ、それを記入することによってログインできるというものだ。現在ではGmailをはじめ、多くのサービスで二段階認証が設定されている。

未設定の読者は、セキュリティを向上させるためにも、ぜひ利用を勧める。

便利なものは、じつは便利ではない

オレオレ詐欺に代表される特殊詐欺と同じく、ネット上の詐欺やウイルスもますますその手口が巧妙になっている。セキュリティ意識の高い人でも、人の心の隙間を突くような攻撃にあうこともある。

犯罪者が企業に取引先を演じて電話をかけ、パスワードなどの重要な情報を聞きだす方法は「ソーシャルエンジニアリング」という。まさに人の心理を突いたもので、古くから行われている手口でもある。

つまり、コンピュータの脆弱性だけでなく、「人間の脆弱性」もつねに悪意のある者による攻撃の対象となっている。

二〇一五年には、データを人質に取るような「身代金《みのしろきん》ウイルス」に対して、抗わずお金を払うようにとＦＢＩ（連邦捜査局）がアドバイスし、セキュリティ企業から反発された事件が起きた（**「ＦＢＩがランサムウェア被害者に『身代金』を支払うようアドバイス」THE ZERO/ONE 2015/11/13**）。

「身代金要求型ウイルス」ともいわれる「ランサムウェア」（ランサムとは身代金を意味する）。このランサムウェアに感染すると、コンピュータの全データが暗号化されたり、パスワードが設定されてしまうため、自分のハードディスクにアクセスすることが不可能になる。データにアクセスしたければ身代金を支払えという要求が表示され、近年ではビットコインなどの仮想通貨を使った支払いが求められる。

ランサムウェアは巧妙にできており、数万円程度を支払えばパスワードが送られ、暗号が解除できるものもある。また、地域によって要求額を変えたりしている。要求額が高額でなく、絶妙な金額設定であった場合、「これくらいなら、いいか」と思って支払ってしまう人も多い。

二〇一五年一〇月にボストンで開催されたイベントで、ＦＢＩのサイバー＆スパイ防止活動プログラム担当者が、被害者に身代金を支払うようアドバイスした。これに対し、セキュリティ企業の「カスペルスキー（kaspersky）」が反論。身代金を支払ったからといってデータが戻ってくる保証はないと主張した。また、もし子どもの写真が人質にとられて犯人に金銭を支払うのであれば、そのお金で子どもに何かプレゼントしたほうがよいのではないか、と述べている。

犯人が味をしめてしまえば、被害が拡大することは必至だ。カスペルスキーは、オランダの警察とともに犯罪者を調査するなかで、犯罪者のＰＣのなかからランサムウェア解読用の暗号を入手し、それを公開している。

身代金を支払うかべきかどうか。これは二者択一で選べる問いではないだろう。普通に生活していても、絶対に手放せないもののひとつやふたつは誰にもある。それが個人のデータであれ仕事のデータであれ、だ。一方で、犯罪者に屈服したくない、という思いもある。

いずれにせよ重要なのは、万が一、被害にあった場合、被害を最小限に抑える工夫だ。その工夫のひとつが、定期的にＰＣの中身を外付けのハードディスクなどにバックアップしておくことだ。

インターネットは、さまざまな利便性を私たちにもたらす。だが、その利便性を享受するためには、めんどうであってもセキュリティの設定などに気を配り、バックアップをこまめに行ったほうがよい。

便利なものには、便利ではないことが付きまとう。

世界でもっとも有名なったランサムウェア「ワナクライ」

二〇一七年五月に世界中で問題になったランサムウェア「ワナクライ（WannaCry）」。ワナクライは、メール経由で感染し、全ファイルに暗号化ロックをかけ、ロック解除の鍵が欲しければ三〇〇ドルを支払えと身代金を要求するものだ。ネットワークを介して感染が広がるので、企業のPCなどが一台でも感染すると、社内システムやネットワークがダウンしてしまう可能性があるのが、このウイルスの特徴である。同年五月一二日前後から、世界中で報告されはじめた（**「世界パニックのランサムウェア『WannaCry』被害&対処まとめ（日本語脅迫文は誤訳でおかしなことに）」GIZMODO 2017/5/15**）。

ワナクライはウィンドウズPCに感染するものだが、適切なセキュリティのアップデートを行っていれば感染しない。それゆえに、ワナクライの騒ぎからわかったことは、世界中の多くの人々がセキュリティのアップデートを実施していない、ということであった。

企業は情報管理のために、あえて古いPCを使っていることもある。いまだにウィンドウズXPなど、サポートの切れたOSを搭載したPCを使ったりしているケースもある。新しいPCやOSの導入には費用もかかる。だが、最新のものにしておかないと、セキュリティの面で危険だということが、あらためて確認された事件でもあった。

ワナクライをめぐっては、複雑な事情が背景にある。そもそもワナクライに使用されているプログラムは、NSAが世界に公表せずに持っていた情報から作られている。どういうことか。

二〇一六年八月に「シャドウブローカーズ（Shadow Brokers）」と呼ばれるハッカー集団が、NSAのハッキング部隊と言われる「イクエーショングループ」から情報を盗んだとの発表があった。このシャドウブローカーズは情報を売ろうとしたが、どこにも買い手がなかったようで、得た情報をネットに公開。ウィンドウズの脆弱性など、本来であれば世界中に公開すべき情報をNSAが収集し、隠している事実が発覚した（**「ハッカーグループShadow Brokers、NSAの機密情報を大量に公表」TechCrunch 2017/4/11**）。

本来、コンピュータの脆弱性に関する情報は世界中に公開され、セキュリティ企業などがそれに対応する。セキュリティの世界では、関係するあらゆる組織が問題や対策を持ちよって、対策を講じている。もちろんNSAはイクエーショングループとの関係を否定しているが、仮にこの情報が正しいとすれば、NSAは脆弱性を知っているのにもかかわらず世界に公表しなかったことになる。

なぜそうするのか、それは、自分たちだけが知っている脆弱性を使えば、NSAが誰かのコンピュータをハッキングすることが可能かつ容易になるからである。つまり、世界中に必要な脆弱性に関する情報を、自己利益のために公開しなかったのだ。

いずれにせよ、シャドウブローカーズが見つけた脆弱性の危険性は高く、マイクロソフトも注意喚起を行った。

繰りかえすが、ユーザーが早く対策をしていればワナクライが世界中に拡大することはなかった。同時にNSAが早くから情報を公開したり、マイクロソフトに連絡して対策が取られていれば、ワナクライが世界を脅かすようなことはなかったともいえる。

インターネットバンキングの利用にも注意しよう

インターネットバンキングの利用で被害にあった読者はいるだろうか。ある調査によれば、インターネットバンキング利用者の一割に被害経験があるという（**「ネットバンキング利用者の1割、危険や被害に遭った経験あり～MMDLabo調査」INTERNET Watch 2015/10/1**）。

MMDLaboが実施した「お金の管理およびインターネットバンキングに関する調査」は、スマートフォンを所有する一五歳以上を対象に、インターネットアンケート形式で一六五八人が回答したもの。

ネットバンキングの利用について問うと、三一・一％が「現在利用している」、九・一％が「現在は利用していないが、利用したことがある」と回答し、合計は四〇・二％となる。

ネットバンキングの利用者五一五人に対して被害や危険について問うと、五四人（一〇・五％）が被害にあったと回答。内訳は、「個人情報、口座情報の流出」が三八・九％、「スパイウェアへの感染」が三七％、「現金の不正出金」が二二・二％、「偽物のウェブ画面が出た」が一一・一％であった。

二〇一七年一二月には、マルウエアによりネットバンキングのＩＤとパスワードが盗まれるという被害が急増している、というニュースが報じられた（**「ネット銀行のＩＤ・パスワードが盗まれる被害が急増！『DreamBot』に感染させるメールが日本を標的に大量送信」INTERNET Watch 2017/12/12**）。

マルウエアの名は「ドリームボット（DreamBot）」。突然、メールが届き、本文中のリンクをクリックするとマルウエアがダウンロードされる仕組みだ。やっかいなのは、実在する組織やサービスを差出人として、メールが届くことだ。注意すべきは、これまで届いたことのない組織や人からのメールについて、慎重に取りあつかうことである。

個人情報流出事件は毎日起きてる⁉

毎日のように起きている個人情報流出事件。当たり前になりすぎた結果、多くの読者がそのようなニュースにあまり関心を持たなくなってきているのではないか。

そんななか、アメリカのＹａｈｏｏ！がハッキング被害で、過去最大級となる五億人の個人情報が流出するという事件があった（**「Ｙａｈｏｏ！から過去最大級となる五億人分ものユーザー情報が流出、政府系ハッカーによる攻撃と正式発表」GIGAZINE 2016/9/23**）。

盗まれたのは二〇一四年で、二〇一六年八月の時点でダークウェブ＝闇サイトで二億人のユーザーデータが売られていたことも報道されている。盗まれたユーザー情報の詳細は、氏名、メールアドレス、住所、電話番号、生年月日などであり、クレジットカードや銀行口座の情報は含まれていない。

さらに、二〇一七年一〇月には、なんと三〇億人の個人情報が二〇一三年に流出していたとＹａｈｏｏ！が発表した（**「米ヤフーへのハッキング、全30億アカウントが被害　新調査で判明」AFP 2017/10/4**）。

Ｙａｈｏｏ！といってもアメリカの話であり、Ｙａｈｏｏ！ジャパンは前述の事件には無関係だ。しかし、二〇一三年には二二〇〇万人の「Ｙａｈｏｏ！ＪＡＰＡＮ ＩＤ」が流出した可能性があると発表するなど、Ｙａｈｏｏ！ジャパンにも流出の「実績」はある。

五億や三〇億という流出数はあまりにも大きいが、他方、数十万程度の流出は日々生じている。そして、自分が利用しているサービスから情報が漏れたり盗まれたりした場合、企業から謝罪のメールが来たとしても、一般ユーザーの私たちがどこまで気づけるか、そして対策ができるかどうかは疑問だ。

仮に、流出した情報にパスワードが含まれていて、そのパスワードをほかのサービスでも利用しているとしたら、知らぬ間にそのパスワードを使われて、さまざまなサービスが乗っとられてしまう危険性もある。

繰りかえしになるが、パスワードの使いまわしには十分注意したうえで、二段階認証の利用を筆者は強く推奨したい。

ところで、１章で取りあげたインスタグラムにもセキュリティの危険が存在している。二〇一七年に、ハッカー集団がインスタグラム上にある六〇〇万のアカウントの電話番号とメールアドレスをハッキングして盗み、その情報をウェブ上で売ったというニュースが世界を駆けめぐった。とりわけセレブと呼ばれる有名人の情報は、彼らにとって高値で売れる「商品」だったという（**「セレブを含む数百万の Instagram アカウントの個人情報をハッカーが盗んで売っている」 TechCrunch 2017/9/2**）。

歌手のセレーナ・ゴメスのアカウントもハッキングされ、元恋人の写真を勝手に投稿されてしまった。ハッカーたちは、一〇〇〇名におよぶ有名人の盗んだアカウントをリスト化し、海外メディアに送っている。一般人のアカウントも一〇ドルで売られている。

有名人だろうが一般人であろうが、いまもどこかで何がしかの情報が盗まれ、流出している。そのことについて、私たちは敏感でなければならない。筆者から読者に助言があるとすれば、少なくとも自分や恋人のヌード写真といった、いわゆる性的でセンシティブな画像や動画は、「撮影しない・させない」ことが最善の流出予防となる。

インターネットと著作権

検索すればあらゆる情報が簡単に手に入るインターネット。いろいろな人に情報を伝えることもSNSで可能になったが、まちがった情報や偽の情報を相手に伝えてはならない。にもかかわらず、インターネット上では、日々、著作権侵害が横行している。

まちがった知識が氾濫するなかで、民間企業がそのあやまりを率先して広め、収入を得ていたとしたら、読者はどう思うだろうか。二〇一六年一二月には、著作権侵害や不正確な情報を広めることで「儲けていた」DeNAの医療情報サイト「ウェルク（WELQ）」が注目された。

無断転載の果てに

ＤｅＮＡが運営する医療情報サイト「ウェルク」は、いわゆる「まとめサイト（キュレーションサイト）」と呼ばれるもの。一般ユーザーやプロのライターらが、さまざまな角度から情報をまとめて記事にするサイトだ。

キュレーションは美術用語で、美術館において展示内容やテーマを選定することを意味する。仮に一〇〇年前の絵画を展示するとすれば、「どの国のものを展示するか」「誰の絵を展示するか」などといった選定がかならず必要になる。

たとえば、日本とヨーロッパの画家の絵画を同時に展示するとしよう。異なる地域の絵画を展示することで、各地域の違いや、逆につながりが見えてくるかもしれない。また、一つひとつの絵画の魅力だけでなく、新たな価値（ここでは各地域の違いやつながり）を創出することが可能になる。

まとめサイトも基本的には、さまざまな情報をあらゆる角度から同時に並べることで、新しい視点や価値の創出を目指すものとして位置づけられている。ただし、まとめサイトのなかには正確性に問題があったり、他人の著作物を無断で転載するといった「問題あり」のサイトもある。

ウェルクというまとめサイトは、「頭痛」や「肩こり」といった単語で検索をかけると上位にページが掲載される。しかし、肩こりに関する記事に「幽霊が原因かも」と書かれているなど、まったく科学的でないものが掲載されていた（**「ＤｅＮＡが『ＷＥＬＱ』全記事を非公開に　不正確な医療情報に相次いだ批判『深くお詫び』」BuzzFeed News Japan 2016/11/29**）。

また、「～と言われています」とだけ書かれていて、出典が明記されていない記事もあった。まとめサイトである以上、引用元はつねに明記しなければならない。だが、そうした対応がなされていない記事が多いことで、ウェルクは問題となっていた。さらには、「妊活」に関する記事では、特定のサプリメントを販売するサイトへ誘導する記述もあったという。

批判を浴びたウェルクは、二〇一六年一一月二九日にすべての記事を非公開化し、謝罪した。その二日後には、ＤｅＮＡが運営するほかのキュレーションサイトも同じく非公開化した。

ウェルクの問題は、その後も尾を引くことになる。

同年一二月には、ウェルクの記事発注元のひとつだった「クラウドワークス」という会社が、コピー禁止の明確化などガイドラインを更新した。ウェルクの記事では、ネット上で仕事の発注元と請負人をマッチングするクラウドソーシングサービスが利用されていたが、そのサービス会社のひとつがクラウドワークスであった。ウェルクは、クラウドワークスをとおして外部ライターを募集していたのである（**「クラウドワークスも〝コピペ記事〟禁止を明確化　発注ガイドライン刷新」ITmedia 2016/12/9**）。

クラウドワークスの従来のガイドラインでも、許可のないコピーを禁止するなどのルールはあったが、それをさらに明確化した。たとえば、「第三者の記事」の言いまわしを変えただけの記事作成の依頼を禁止したり、第三者のブログなどの写真を許可なく転載するような記事作成依頼の禁止である。

実際、ウェルクでは（その他、多くのまとめサイトにも共通するが）、引用元の明記もなく、また元の記事から「てにをは」などの表現を変えただけの記事が多く存在していた。パクリだとの批判が生じて当然である。

ウェルクの騒動は、多くのキュレーションサイトにも影響している。サイバーエージェントが運営しているキュレーションサイト「Spotlight（スポットライト）」では、騒動後に記事のいくつかを、内容的に問題があるとして非公開化している（その後サイバーエージェントが買収した「R25」にスポットライトは統合され、「新R25」として現在も運営が続く。また二〇一八年八月二一日にスポットライトは記事の掲載を終了している）。

ネットに掲載された著作権のある画像は、多くのメディアで無断転載が横行し、著作権者が誰なのかわからないといった状態が続いている。無断転載を禁止するためにも、著作権者を登録してID化し、業界でしっかり管理するなどの仕組みが必要になる。

医療情報と検索

ウェルクの騒動が社会に示したもののひとつは、インターネット検索と情報の正確性の問題だ。とくに医療情報など、人の命に関わる情報について、メディアは大きな責任を持たなければならない。

にもかかわらず、ネットには多くの不正確な情報がまだまだ存在している。

読者に直接関わる問題として重要なのは、グーグルなどの検索結果の上位に、不正確な情報を提供する「問題あり」のサイトが食いこんでしまうことである。ウェルクであれば、グーグルで検索をするときにヒットする上位の言葉をリストアップし、SEO対策（検索エンジン最適化）によって検索上位に上がるようなシステムを構築していた（「『WELQの方がマシだった？』と専門家 ネットの医療情報は今、どうなっているのか」BuzzFeed News Japan 2017/5/24）。

これは多くのIT企業が行っており、信頼度の高いサイトかどうかとはまったく別の理由で、技術を駆使することにより、自らのサイトを検索上位に表示させることができる。ゆえに、「頭痛」という単語を検索すると、大学や公的機関といった信頼性の高いサイトよりも、ウェルクのサイトが上位に表示される。

グーグルはこうした問題を受けて、検索したときにヒットする方法（アルゴリズム）を変更するなどの対処をしているが、それも完璧ではない。実際に「末期がん」などの検索をすると、「末期がんに効く漢方」というような、問題のある代替医療サイトが上位に表示されることもあった。これはグーグルの検索アルゴリズムの問題でもあるが、多くのユーザーがページをクリックすることや、SEO対策によってもたらされることでもある。

前述の記事では、検索エンジンの専門家である辻正浩《つじまさひろ》にインタビューをしている。辻によれば、この問題をあつかった二〇一七年五月の時点では、信頼性の高いサイトの検索結果が、ウェルクがあったときよりも低くなるといった現象が起きてしまっているという。

多くのユーザーは、検索するときに複数のワードを検索窓に打ちこんでいる。自分の赤ちゃんが熱を出したら、「赤ちゃん」だけでなく「赤ちゃん　三八℃　千代田区　嘔吐《おうと》」というように、ユーザーの状況に合わせた単語を打ちこみ、ピンポイントで情報を得ようとする。そして、複数の単語を打ちこめば打ちこむほど、公的機関よりも、検索ワードに対応した民間のサイトやまとめサイトの記事のほうがヒットしやすくなっているという。

記事が指摘するように、「信頼性を重視しすぎると有益な情報が探せなくなり、ユーザーの要望を重視しすぎると健康被害をもたらす情報がでてしまう」わけであり、何とも悩ましい問題だ。

こうした状況にあっては、検索に頼ることには懐疑的にならざるをえない。インターネットを利用する際に、確実な情報が手に入ると考えては「いけない」ということだ。とはいえ、自分や家族、親しい友人などが「がん」や治療がむずかしい病気を患った場合に、藁《わら》をもつかむ気持ちで検索し、代替医療サイトなどにアクセスしてしまう心情も理解できる。

そんな人たちの気持ちにつけ込んだ悪徳業者は多く、対策が必要であることはまちがいない。だが、誰もがいつでもサイトを立ちあげられるという自由度がインターネットにあるがゆえに、悪徳業者をすべて排除することも、検索にかからないようにすることも困難だ。

グーグルは二〇一七年一二月に、医療・健康情報に関わる検索アルゴリズムの大幅な改善を発表し、専門家から高い評価を受けた。しかし、前述のとおり、それですべてが解決されるわけでもない。

近年は、ネット広告などにも厳しい制限をかける動きが続いているが、根本的な解決はむずかしい。

データが盗用されたときのために

二〇一六年に起きたウェルク問題は、二〇一七年になっても世間の関心を引いた。

著作権侵害をしていた問題について、ＤｅＮＡから被害者への迷惑料の支払いがたったの一〇〇〇円という報道があり、ネットで批判が巻きおこったのである（**「【ＤｅＮＡ】盗用元に迷惑料5000円　納得いかない被害者の声」BuzzFeed News Japan 2017/3/18**）。

弁護士で作る第三者委員会による発表では、無断転載の可能性がある画像が最大で七四万七六四三件、可能性のある記事が最大で約二万件あるとＤｅＮＡが述べた、と記事は報じている。記者会見でＤｅＮＡは、被害者が納得いく解決をなるべく早く目指したいという意志を表明した。

三〇〇ページを超える報告書からわかったことは、ＤｅＮＡのまとめサイトの多くは、ＤｅＮＡが雇った外部のライターに指示をして、ネット上の著作権のある画像などの転載を意図的に行って作成されたものであったことだ。

ウェルクによって著作権侵害の被害を受けた三人にインタビューした記事では、うち二人の被害者には迷惑料として画像の転載一カ所にあたり一〇〇〇円程度の迷惑料が提示され、もうひとりはそれよりも低い金額だったという（**「ＤｅＮＡまとめ問題『迷惑料』1件千円の謎　被害者『ちょっと意味が…』」withnews 2017/3/29**）。

著作権侵害によって儲けた企業が、一件につき一〇〇〇〇円の迷惑料で事態を収拾しようというのは、あまりにも虫がよすぎる話ではないだろうか。盗用に対する著作権料の請求額を決める場合は、著作権等管理事業者の定めを参考にするケースもある。記事によれば、そのひとつに日本写真家ユニオンの基準があるという。

同ユニオンは、一年間のネット掲載で画像一点につき二万五〇〇〇〇円の使用料を定めている。この観点から見ると、一点一〇〇〇〇円というＤｅＮＡの提示額はあまりにも低い。被害者のある男性がＤｅＮＡに問いあわせたところ、著作権侵害が明確にあるかどうかの判断がむずかしく、侵害に当たらないケースでも迷惑料として対応しているという回答があった。

だが、これは回答になっていない。なかには一九枚の写真を無断転載されて迷惑料が三〇〇〇〇円だったという人もいる。かといって、この件でＤｅＮＡを相手取って裁判を起こすのも骨が折れる作業となる。

この問題については、画像の無断使用など著作権侵害に請求代行する「コピートラック（COPYTRACK）」というサービスが有効だろう（**「画像盗用を捜索→『使用料』を徴収代行！　話題のサービス『コピートラック』とは?」J-CAST ニュース 2017/10/20**）。

コピートラックはこうした画像の不正使用に関して、権利侵害を発見したり、請求代行まで行うサービスだ。二〇一五年にドイツでスタートしたあと、日本には二〇一六年に進出。一四〇カ国で侵害に対応しているが、ユーザーが負担する費用は、請求が成功した場合に発生する成功報酬（三〇〜五〇％）のみである。

その依頼方法も、自分で撮った写真や描いたイラストなどをサイトにアップロードするだけで、あとは短時間で画像が無断で使用されているかどうかをコピートラック側が発見。さらに、見込み使用料まで表示される。必要に応じて相手方に費用を請求できるというものだ。気になる読者は、ぜひ「COPYTRACK」を検索してみてもらいたい。

著作権侵害に対するメディアの対応

ウェルクの問題を受けて、著作権侵害で批判されていたまとめサイト「ＮＡＶＥＲまとめ」が対応策を発表した（**「『ＮＡＶＥＲまとめ』に関する批判についてＬＩＮＥが言及」CNET Japan 2016/12/28**）。「ＮＡＶＥＲまとめ」の著作権侵害に対する対応が遅れていることについては、かねてから批判されていた。そこで「ＮＡＶＥＲまとめ」は、権利侵害に対して「みなし非表示」対応を導入したという。

そもそもネットの世界では、問題があることが判明した情報を削除させるために、プロバイダ責任制限法などの法にのっとって手続きをしなければならない。その手続きには時間と労力がかかる。

そこで、まとめ記事に著作権侵害の可能性があるとの報告があった場合、まずは問題があると見なし、くわしく調べる前に非表示処理をする。その後、まとめ記事の作成者に内容を問いただし、妥当であると判断された場合にのみ表示を再開するというものだ。

二〇一七年一二月には「ＮＡＶＥＲまとめ」が新たな著作権管理システムを導入する（**「ＮＡ**

VERまとめ、新たに著作権管理システム『Lisah（リサ）』および『オーサーランク』のテスト導入を開始」LINE 2017/11/29）。

「NAVERまとめ」（の運営元であるLINE）によれば、著作権管理システム「Lisah」をテスト導入したという。このシステムは、権利者が自分の権利写真などを登録すると、不正に使われているかどうかを自動で分析し、検出するというものだ。Lisahを使えば、偽造されたものを含めて、不正使用画像の検知率が九八％になる。

削除要求などについては書類を作成しなければならないが、Lisahによって不正使用が発見できれば、その場で記事の配信停止や画像の使用停止ができたり、キャプションの出典を書きかえることが可能になる。将来的には収益の分配も考えているという。

いずれにせよ、ネットで簡単に検索して調べられるといった利点には、多くの著作権侵害や不正確な情報の提供といった、ユーザーの不利益が内包されている。たとえば書籍の場合、出版までに何度も校正を重ねる。それでも誤字脱字をはじめ、ミスが生じることがある。

ネットのよい部分は、アップロードしたあとに、問題があればその都度修正できることだ。一方で、まちがった情報をアップして修正しないままでいれば、まちがった情報が半永久的にネット上で提供されることになる。そして、ネットにはまちがった情報があふれており、それを読んだ読者は「ネットに書いてあった」その情報を信じるようなケースが多発している。

ウェルクの場合、検索結果の上位に表示されていたにもかかわらず、不正確な情報が多かった。「上位」であるがゆえに、その情報を記憶してしまったユーザーも多くいることだろう。

こういった状況を見る限り、ネットによって、私たちの知的体系の基盤が大きく揺らいでいると言わざるをえない。ネット経由のまちがった知識を抱えたままでいると、私たちの知識に対する基盤、あるいは共通認識といったものが崩れてしまう可能性がある。

ここまで検索が信頼できなくなってしまったことは、大きな問題だ。『現代用語の基礎知識』の二〇〇八年版に選出されたネット用語に「ググレカス」がある。グーグル検索(ググる)すればわかるような内容を質問されたときに返す言葉である。

しかし、検索してもあやまった情報が上位に表示されたり、フェイクニュースが横行する昨今にあっては、「ググレカス」というより、検索してもカスな情報ばかりの「ググってもカス」な時代に突入しているようにも思われる。

それでも私たちは、まだしばらくは検索なしには生活しがたい時代を生きることになるのである。

ネット社会から自分を消すことはできるのか

これまで述べてきたように、ネットにはさまざまな弱点がある。なかでも気になるのは、一度書きこめば(書きこまれれば)、ネット上に半永久的に残ってしまう自分の情報とどう向きあえばよいのか、という問題だ。

忘れられる権利とは

「忘れられる権利（right to be forgotten）」という言葉を読者は知っているだろうか。人の噂《うわさ》も七五日というが、ネットには半永久的に情報が残ってしまう。自分の情報がネットに残ってしまうと、不都合なこともあるだろう。とはいえ、ネットに書きこまれた情報は自分の手をはなれ、削除や修正などを自分ではできないものも多い。

そんな状況を受けて、ＥＵを中心に、自分の情報に関する「忘れられる権利」が主張されるようになった（**「欧州『忘れられる権利』判決の行方」The Huffington Post 2015/5/17**）。

二〇一四年五月一三日に欧州議会の最高裁判所に相当する欧州司法裁判所がグーグルに対し、ユーザーの求めに応じて、個人情報を含むウェブサイトへのリンクを削除する責任があると判断した。

この問題、もとは二〇一〇年にスペイン人のある男性が、過去の自分の情報を示す新聞記事（二六年前に男性が所有している不動産が競売にかけられたという内容）へのリンクの削除をグーグルスペインに求めたのがきっかけだ。しかし、グーグル側は反対しており、議論が続いていた。男性の言い分は、すでに解決した問題であるのに、自分の名前で検索すると、いつまでも自分に関する過去の記事が表示されるのは不都合だ、というもの。

ＥＵは、男性の「忘れられる権利」を認めたが、一方で忘れさせてはならない情報もある。それは政治家の汚職や公的な利害をともなう問題に関する情報で、判決でも「忘れられる権利」の例外とされた。

重要なポイントは、記事そのものを削除するのではなく、ニュース記事への「リンク」を含む、グーグル検索の結果を削除してほしいという部分だ。要は、グーグルなどの検索エンジンを利用しなければ、ニュース記事が残っていようとも、それをピンポイントで探すことはむずかしい。ゆえに、検索エンジンに情報が残らなければ、多くの人々が情報を見る機会は激減するというわけだ。

「忘れられる権利」を考える際にキーとなるのは、「知る権利」や報道の自由との兼ねあいである。いつまでも不都合な情報が残ってほしくないと考える人がいる一方、消えてしまっては社会的に不都合な情報も確実に存在する。私たちには、両者のバランスを考えながら、慎重に判断する姿勢が求められている。

犯罪加害者の「忘れられる権利」はどこまで認められるのか

日本でも、「忘れられる権利」についての議論は進んでいる。

二〇一一年に児童買春の疑いで逮捕され、児童ポルノ禁止法違反罪で罰金五〇万円の略式命令が確定した過去を持つ男性が、自分の逮捕に関する検索結果の削除をグーグルに求めた裁判が行われた（**「Google の検索結果、最高裁が削除認めず　初めて示した判断基準とは?」The Huffington Post 2017/2/1**）。

さいたま地方裁判所は「忘れられる権利」に言及し、検索結果の削除をグーグルに命じた。

ところが東京高等裁判所で判決が逆転。二〇一七年一月三一日に最高裁判所は、東京高裁の判決を支持し、削除を認めない決定を下した。その際、検索結果の削除については、「表現の自由と比べてプライバシー保護が明らかに優越する場合は削除を求められる」として、はじめての判断基準を示している。

つまり、一般的に「忘れられる権利」そのものは認めるが、それはプライバシーが表現の自由より重要な場合に限る、ということだ。実際、東京高裁の判決では、「男性の犯罪の性質は公共の利害に関わる」として、グーグル側の異議申し立てを認めている。児童買春という犯罪の性質が社会的に影響力があり、削除すべきではないと判断されたということだ。

ところでグーグルは、「忘れられる権利」に関しての申し立て専用ページを作って、検索結果の削除には独自に対応している。今回の事例は、グーグルが削除に応じなかったために生じた問題である。問題なのは、グーグルだけに削除するか否かの決定権を握らせてしまえば、民間企業による恣意的な判断を可能とすることであり、かつ最悪の場合は検閲ともいえるようなことも行われかねない点である。

このような議論をしていること自体、グーグルの影響力がすでに民間企業のレベルではないことを物語っている。

自分が死んだらアカウントはどうなる？

ところで、最近になって「終活」という言葉をよく聞くようになった。人生をどう終わらせるか具体的に考え、行動に移す試みは、ネットにも広がっている。

ネット上だけで取引を行ってきたネットバンキングの存在や、仮想通貨などのアカウントについて、遺族に知らせておかなければ、遺族が気づかないままとなり、遺産の継承が困難になってしまうケースもある。

一方、遺産のように残しておきたいものもあれば、残しておきたくないものもネット上にはあるだろう。そのひとつがSNSのアカウントである。死後に自分の秘密のやりとりを遺族に見られてしまうのは嫌だ。だが、自分が死んだら誰もパスワードがわからず、アカウントが永遠に残ってしまう。

二〇一五年二月に、亡くなった人のフェイスブックアカウントを管理する「相続人」の指定が可能になった（**「Facebook、ユーザーの死後にアカウントを管理する『デジタル遺産管理人』制度を開始」TechCrunch 2015/2/13**）。

ユーザーが亡くなったあとに、自分のアカウントを管理する「相続人」を指定できる機能「遺産管理人（legacy contact）」を導入したと、フェイスブックが発表した。まずはアメリカからはじまったが、現在では日本でも利用できる（くわしくはフェイスブックのヘルプセンター、「追悼アカウント管理人を選択」を参照）。

フェイスブックではもとから、亡くなったことを確認する書類などを送ればアカウントを削除できた。その後、遺族からの要望があり、追悼アカウントが誕生した。同アカウントは、ユーザーが亡くなったあと、家族や友人がその人の思い出をシェアするために残すことができる。ただし、プライバシーは重視されており、ユーザーが生前にアカウント上で行った私的な投稿の変更や削除は相続人でもできない。

この機能を使うには、まず相続人を指定し、利用者の死亡後に証明書などをフェイスブックに送ったうえで、承認されなければならない。指定された相続人は、亡くなった利用者のアカウントに遺言や追悼文、葬儀の日取りなどを表示するとともに、友だちリクエストへの対応なども可能だという。毎年の命日には、アカウントをとおして故人を偲《しの》ぶこともできる。

こうしたフェイスブックの措置に対し、ネット上では「ネット終活の決定版」「死は自分でコントロールできないのだから、SNSの相続も確かに必要だ」というように、好意的な書きこみが目立った。一方で、「相続人を誰に頼むか、という人選がむずかしい」「死後もアカウントが残っているのは嫌だ」といった声もあったという。

アカウントをどうするのかを生前に選択できるという点では、評価できる機能だと筆者には思われる。家族や友人の命日に、リアルに集まることが困難な時代だ。ネット上で故人について思いを馳せることができるこの機能について、読者はどう思うだろう。

赤ちゃん時代の自分の写真、権利は誰のもの?

終活の一環として、自分でSNSの「生死」をコントロールできる一方、赤ちゃんのころの自分について、自分で管理する権利はどこまであるのか。

二〇一六年九月に、オーストリアの一〇代の女性が、自分の赤ちゃん時代の写真をフェイスブックにアップした両親を訴えたニュースが話題になった（「10代の女の子、赤ちゃんの頃の恥ずかしい写真をFacebookに公開した両親を訴える」The Huffington Post 2016/9/16）。

訴えたのは一八歳の女性。五〇〇枚以上の赤ちゃんのころの写真を、両親がネット上で七〇〇人の友人に公開したという。彼女の弁護士によれば、写真のなかには彼女のオムツ交換やトイレトレーニングのもの、そして裸でベッドで寝ている姿もあった。

彼女は何度も両親に写真の削除を訴えたが聞きいれられなかったため、訴訟に踏みきった。彼女の父親は、自分が撮影したのだから写真の著作権と配布する権利は自分にある、と主張。

世界的にプライバシー意識が高まるなか、フランスの法律では、親が子どもの写真を承諾なくネットに投稿してはならない、というものがある。本人の同意なしに他人の画像を公開した罪で有罪になった場合、一年間の懲役や四万五〇〇〇ユーロ（約五二五万円）の罰金が科せられる可能性がある。

かわいい子どもの姿を多くの人に見てもらいたいという善意で、親がネットに画像をアップしているケースがほとんどであろう。しかし、親の善意が子どもに理解されるとは限らない。子どもが嫌がっているのなら、親子で相談したうえ、当該画像を削除するのが筋であろう。

子どもの話に関連するが、亡くなった子どもの情報を何とか少しでも多く知りたい、という親の切なる思いもある。二〇一六年三月には、イタリア人の男性が亡くなった子どものiPhoneのロック解除をアップルに求めた（「『死んだ愛息の思い出を取り戻させて』とiPhoneのロック解除をAppleのティム・クックCEOに懇願する男性」GIGAZINE 2016/4/1）。

iPhone のロックは指紋認証や顔認証で解除されるが、このロック解除をめぐって、さまざまな議論がなされている。

あるイタリア人男性がアップルのティム・クックCEOに対して、死んだ息子のデータを取りもどしたいと、嘆願の手紙を直接送った。男性は、二〇〇七年にエチオピアから養子として息子を迎え入れたが、子どもは悪性骨肉腫《こつにくしゅ》を患い、闘病の末、二〇一三年九月に一三歳の若さで亡くなった。亡くなった息子の iPhone のなかには、亡くなるまでの息子と男性との思い出が残されていると考え、iPhone のロックを解除してほしいとアップルに求めたのであった。

アップルとしては、一度でも例外を認めてしまえばそれが前例となり、国家権力などがロック解除を求めてくることを懸念している。だから、こうしたケースでもロック解除には応じない。悪用するわけでもないし、権力に同調するわけでもない。そんな事案なのだから、解除してもいいと思う読者もいるだろう。だがロックを解除してしまえば、現実にロックを解除する技術をアップルが持っていることの証明になることから、権力がアップルに対して圧力をかけてくることが大いに予想される。

もうひとつ問題がある。技術的にロック解除が可能であったとしても、亡くなった息子がロック解除を望んだかどうかはわからない。当事者が不在のまま、ロック解除をしてよいのかどうか。これは、プライバシーを考えるうえでむずかしい問題だ。

一昔前なら、故人が残した手書きの日記帳などを遺族が読むこともできた。とはいえ、技術が発達し、死んだあとの情報の不開示を生前に望めば、いまはそれが可能になった。保護者だからといって、勝手に亡くなった子どものスマホのロック解除をしてもよいのか、という問題である。

こうした問題において問われているのは、自己情報コントロールだ。3章の「スノーデン」(二二八頁)でも述べたが、自分の情報をコントロールすることは、重要な意味を持つ。だが、赤ん坊の自分であったり、死後の自分であったりと、技術の発展によって、そのコントロール範囲は拡大傾向にある。忘れられる権利に関しても、技術が発展したことで、残せる情報が増えたことから生じる問題だ。

自己情報コントロールは重要であるが、ここまで来ると、自分ひとりでコントロールするにも限界がある。技術が個人に負担をかける一方、こうした負担を免除するための技術もまた、私たちに求められている。

負の感情を増幅させる装置としてのネット

ヘイトスピーチは終わらない

ここ数年、ネットで大きな問題となったヘイトスピーチ。なぜネットがヘイトスピーチの温床となっているのか。また、ヘイトスピーチに対して、ネットのサービスを展開する側はどう対処してきたのか。ここ数年の具体的な事例を見ていきたい。

放置されるヘイトスピーチと運営の対応

まずは、「ニコニコ生放送」においてヘイトスピーチが横行していることに対し、市民団体が抗議したというニュースからはじめよう。

二〇一五年一月、排外主義的なヘイトスピーチや人種差別に反対する運動を展開する団体「のりこえねっと」が、ニコニコ生放送で流れる視聴者の「ヘイトコメント」、つまり差別発言が放置されていると指摘。近日中にニコニコ生放送を運営するドワンゴに対して、ヘイトコメントの排除対策を要請するとともに、自身が放送してきた番組の配信を一時中止する声明をホームページで発表した。のりこえねっとは毎週一回、一時間の番組をニコニコ生放送でライブ中継してきたが、放送した動画は差別的なコメントで埋めつくされているという（**「『ニコ生のヘイトコメントは酷すぎる』反人種差別団体が『ドワンゴ』に対策要請へ」弁護士ドットコムニュース 2015/1/7**）。

また、ネット配信を中止するもうひとつの理由として、ヘイトスピーチの発信源として問題視されている「在日特権を許さない市民の会（在特会）」が二〇一四年の一二月に、ニコニコ動画の有料チャンネルを運営側の提案により開設したことを指摘（二〇一五年五月には閉鎖）。ドワンゴが、ヘイトスピーチ動画によって収入を得ていることを問題視している。

これに対しドワンゴは、公序良俗に反する言動はチェックしており、在特会の有料チャンネルでもヘイトスピーチは見られず、通常利用の範囲と判断していた。

ヘイトスピーチ動画に関しては、法務省も動いた。在日朝鮮人に対する差別的発言が人権侵害に当たるとして、複数のサイト管理者に削除を要請したのである。

問題となった動画は、二〇〇九年一二月に東京都内の朝鮮大学校の前で、在特会メンバーが「朝鮮人を日本からたたき出せ」などと声をあげているもの。ニコニコ動画など、この動画を配信していたいくつかのサイトは削除に応じた（**「ヘイトスピーチ動画を削除 法務省要請で初 一部管理者応じる」日本経済新聞電子版 2016/2/14**）。

このようなヘイトスピーチへの規制は重要だ。だが、具体的な削除基準が示されていないことから、表現の自由の制限につながらないよう、慎重な対応を求める声もある。

ネット上のヘイトスピーチ問題は拡大しており、二〇一四年に法務省が被害の申し立てを受けたのは過去最高の一四二九件。ここ一〇年間で約七倍となっている。二〇一六年一月には大阪市で、ヘイトの動画や画像をプロバイダに削除要請することなどが盛りこまれた条例が、全国ではじめて成立した。

ヘイトスピーチに関する対応については、行政側だけでなく民間企業の姿勢も問われる。ドワンゴは、ヘイトスピーチ問題に対して積極的な対応を取ってこなかった。逆に、ヘイトスピーチも表現の自由に含まれるという姿勢であるとの批判もよせられた。

二〇一九年現在では、ヘイトスピーチは悪だという常識は一般的になりつつあるが、それが表現の自由だと根強く発言しつづける人はいまも多い。

ヘイトスピーチは二四時間以内に削除せよ！

ドイツはナチスの経験から、ヘイトについて厳しい姿勢で対応している国のひとつだ。そのドイツで二〇一五年末に、ヘイトスピーチを投稿から二四時間以内に削除するという取り組みが、フェイスブック、グーグル、ツイッターの三社によって合意された（「ドイツ、ネット企業3社とヘイトスピーチ削除に関して合意」CNET Japan 2015/12/16）。

二〇一五年の時点で一〇〇万人以上のシリア難民を受け入れているドイツでは、難民や外国人に対するヘイトスピーチが深刻な問題になっていた。そこでフェイスブック、グーグル、ツイッターの三社が、外国人などに対する差別的発言が投稿された場合、二四時間以内に削除対応を行うという取りきめを結んだ。ドイツ政府は「言論の自由が逸脱し、犯罪・暴動の扇動といった人々を脅かす犯罪につながる言動の投稿はネット上から削除される必要」があるとし、と三社の取りきめを歓迎した。

三社は、ヘイトスピーチの報告を受けつけるためのスペシャルチームを作り、報告された投稿が差別的発言であると判断された場合には削除する。そのため、人権団体などだけでなく、一般人も通報がしやすくなる。ただし、どういった投稿が削除の対象になるかといった細かな対策について、この時点では明らかにされていない。

これまで大半のSNSは、世界中のユーザーに対して、国ごとに変わることのない単一のルールをもとに、サービスの利用規約をSNSごとに適用してきた。しかし今回の合意は、ドイツでは利用規約以上の対応を行うことを意味している。ヘイトスピーチへの対応としては歓迎されるべきだが、抑圧的な専制国家などからの要望にも対応すれば、それはそれで問題となる（実際そうした問題も、一部で生じている）。

その後の二〇一六年六月には、EU全体でヘイトスピーチ規制が強化された（「『24時間以内にヘイトスピーチを削除』がさらに拡大、Facebook・Google・Twitter・Microsoft が合意」GIGAZINE 2016/6/1）。

前述のドイツの試みにマイクロソフトが加わり、EUのガイドラインに沿ったかたちでヘイトスピーチを取り締まるという。喜ばしいことだが、実際に取り締まってみると、小規模なヘイトスピーチなどには迅速に対応できない、といった問題が浮上している。今後、どんな対応を試みるのか注目していきたい。
また当時のツイッターでは、「ＩＳＩＬ（イスラム国）」などの過激派が、新たなアカウントを作っては削除されるなどのいたちごっこを繰りかえしていたのが印象的だ。

ドイツが差別的なフェイクニュースに新規制案を提出

ヘイトスピーチに続き、フェイクニュースに対する規制法案をドイツ法相が議会に提出した（**『ＳＮＳのフェイクニュース対策は不十分』ドイツ政府が規制法案を出した背景とは」The Huffington Post 2017/3/17**）。

法案は二〇一七年にドイツのハイコ・マース法相が議会に提出したもので、とりわけフェイスブックは人種差別や外国人排斥を取り締まる努力が足りないとして、ドイツ政府は不満を持っていた。この法案では、違反する企業に最大五〇〇〇万ユーロ（約六一億円）の罰金を科すとされている。

違反報告に対する二四時間以内の対応だけでなく、ヘイトや名誉棄損、そしてフェイクニュースなども削除の対象になっている。違法性の強いものは二四時間以内に削除し、そうでないものも一週間以内に解決しなければならない。

マース法相が声明で引用したのは、政府による青少年保護機関の調査結果である。調査によると、ユーザーが報告した違法コンテンツのうち、フェイスブックが削除や閲覧禁止処置を実施したのは三九％だけであり、報告後二四時間以内に削除された投稿も三三％と、政府が問題視するには十分な数字が示された。

この法案は、「ソーシャルメディアにおける法執行を改善するための法律」として二〇一七年六月に可決し、同年一〇月に発効した（「**ドイツ、ヘイトスピーチ取締法を施行へ　SNS企業に削除義務」BBC NEWS JAPAN *2018/1/1***）。

表現の自由との兼ねあいもあるが、各国の政府はSNSサービスを提供する企業の対応が不十分であると不満をつのらせている。つまり、SNSによるヘイトスピーチへの対応が遅れた結果として、政府が声をあげざるをえなくなったともいえよう。

アメリカ大統領選の支持基盤を考える

二〇一六年は、アメリカの大統領選が大きな話題になったが、ツイッターでもおもにトランプを支持する人々たちのあいだで、さまざまな問題が噴出した（「**ツイッター、トランプ氏支持の極右アカウントを凍結」AFP *2016/11/17***）。

同年二月に、トランプを支持し、ネットで影響力を持っていたオルタナ右翼と呼ばれる人々の代表的人物、リチャード・スペンサーと同氏に関係するアカウントを、ツイッターが凍結した。その原因は、彼が嘘《うそ》や誹謗中傷、そして悪意に満ちた内容の投稿をしていることとされる。凍結されたアカウントの正確な数は不明だが、ISIL関連のアカウントを大量凍結した際に次ぐ規模だった模様だ。

また、大統領選では四〇万ものボットが選挙に関するツイートを行い、そのうちの七五％はトランプを支持する内容だったことも判明している。ツイッターで大量に投稿されると、「トレンド」として多くの人の目に触れることになる。結果的に一般ユーザーにも拡散してしまう。トランプを支持するオルタナ右翼は、白人至上主義者とも強い関連を持つ。彼らはしばしば、人種問題をはじめとするヘイトスピーチを行ってもいる。

ユーチューブから広告主が撤退した背景

ユーチューブには一分間に四〇〇時間分の動画がアップロードされるというが、そのなかには人種差別やヘイトに関する動画も数多く含まれている。コンピュータと人間とが手分けをして動画の違法性について判断してはいるが、すべてを精査するのはむずかしい。

二〇一七年三月には、違法性の高い動画を配信しているという理由で、ユーチューブから広告を引きあげる企業があらわれた（**「グーグルからの広告引き上げ騒動、広がり続けるその背景」The Huffington Post 2017/3/31**）。

問題はＫＫＫ（クー・クラックス・クラン）など白人至上主義の元リーダーの動画や、同性愛を嫌悪する内容の動画に付随する広告に、イギリスの内務省や軍、政府系メディアのＢＢＣ、ガーディアン（The Guardian）などの新聞社の広告が入っていたことにあるという。

広告費を支払ってユーチューブに出稿しているのに、その広告がヘイト関連の動画に掲示されているのでは、たまったものではない。お金を払って自社のブランドイメージを低下させているようなものであり、広告主が怒るのも当然だ。

たとえばイギリス政府は、ユーチューブに対する数百万ポンド規模の広告予算を引きあげることを決定した。さらに世界第六位の広告会社ハバス（Havas）のイギリス法人も、グーグルとユーチューブから広告の撤退を決定。大口顧客である政府系の組織や大企業が、ユーチューブやその親会社のグーグルから手を引くことになった。

批判を受けたグーグルは対応策を発表。「ヘイトコンテンツの排除の強化」「広告主が不適切なコンテンツを容易に除外できる設定をつくる」といったものだ。問題はアメリカにも波及し、AT&T、ジョンソン・エンド・ジョンソン（Johnson & Johnson）、ベライゾン（Verizon）などの企業もユーチューブの広告から撤退を発表。撤退した企業は、全世界で二五〇社以上にのぼる。

とはいえ、グーグルの売上高は、二〇一八年の第1四半期（一月〜三月）だけで三兆円、純利益は一兆円を超えている。前述のような問題があり、広告主が一時的に手を引くことがあろうとも、グーグルは変わらず儲かっているということだ。

京都で起きた差別問題がネットで話題に

二〇二〇年には東京オリンピックを控え、多くの外国人が訪れる予定の日本も、残念ながらヘイトの問題を抱えている。二〇一七年五月には、韓国人の俳優に日本人が差別発言をしたというニュースが話題になった（**「韓国人俳優に『ファッキン・コリア』 京都のヘイトスピーチを韓国メディアも報道」BuzzFeed News Japan 2017/5/3**）。

韓国の俳優ユ・ミンソンは、京都市内を動画を生配信しながら歩いていた。彼はあるラーメン店の前で立ちどまり、店のドアを開けて「居酒屋ですか?」「食堂?」と日本語でたずねた。すると、店から客が出てきて、「ファッキン・コリアやねん。ゴーアウト」と述べたという。

ユは、その場では苦笑いをして立ちさった。ケンカしようと思ったが、警察沙汰になるから耐えた、と述べている。韓国メディアがこの問題を報じると、日本でも話題になった。ラーメン店の店長は取材に対して、客のしたこととはいえ、本当に申し訳なく思っており、直接謝罪したいと述べている。

ユはメディアの取材に対して、ひとりの人間によってその国のイメージが変わるということを知ってほしい、と述べると同時に、よい日本人にもたくさん会ったので、ヘイトをした人を許してほしいとも述べた。

残念なニュースだが、さらなる問題がある。ネットニュースなどでこの問題が報じられた際に、書きこまれたコメントだ。そのなかには、彼が自作自演をしているのではないかと疑うものや「日本に来ないでけっこう」などといったものもあった。そうしたコメントそのものが、さらに日本の印象を悪くしてしまう。

憎悪をあおる政治記事の執筆依頼がネット上で

DeNAの医療情報サイト「ウェルク」の著作権侵害については、「無断転載の果てに」(一五八頁)で述べた。記事発注の際に利用されたのが「クラウドワークス」であったが、数ある求人のなかに、ある政治系ブログへの執筆依頼があったことが、ツイッターへの投稿で明らかになった（**「『嫌韓』『反日』の記事を書けば８００円。政治系ブログ作成の求人が掲載中止に」BuzzFeed News Japan 2017/9/22**）。

ブログ記事を執筆する際のテーマは、日本にとって何がベストなのかについて、保守系の立場から書く、というものであった。文字数は一記事あたり一八〇〇字から四〇〇〇字、記事単価は八〇〇円である。記事内容の事例として、雇い主があげている文章は悪質だ。基本的には、共産党や民進党（当時）を否定するものが多いが、ヘイトスピーチをうながしているような事例も見られる。

この件がツイッターで拡散されると、クラウドワークスはすぐに、求人が「利用規約及び仕事依頼ガイドラインに反する案件と判断し掲載を中断」した。政治的な対立をあおったり、ヘイトスピーチと考えられるような仕事の依頼は、ガイドライン違反と判断したわけである。

このように、多くの人にウケそうなニュースや話題を探し、「反日」や「嫌韓」「嫌中」といった単語を使い、キャッチーで読まれやすいスタイルの記事にするような執筆依頼は、少なからず存在する。

こうした動きは、端的に政治的動員のためのもの（今回の場合、反自民党勢力への悪印象を植えつけるのが目的）であり、ブログに掲載された記事はまとめサイトやツイッターなどで拡散されていく。

背後にいるのが個人なのか団体なのかはわからないが、内容の偏向した記事が大量に生産され、ネット上に拡散されると、記事を読まなくても、キャッチーなタイトルを繰りかえし見るだけで、デマが事実に思えてくる可能性もある。

私たちは、ネット上で日々、こうした情報工作のようなことが行われていることを知っておく必要がある。

人を侮辱すれば「まとめサイト」も訴えられる

「まとめサイト」のなかにも、ヘイトをあおるものが多数存在する。ある在日朝鮮人の女性が、まとめサイトを訴えた（**「まとめサイト『保守速報』に200万円の賠償命令 管理人『多分控訴する』」ねとらぼ 2017/11/16**）。

問題になったのは、2ちゃんねる（現在は5ちゃんねる）の書きこみを管理人が独自にまとめた、まとめサイトの「保守速報」。まとめ記事で名誉を傷つけられたというフリーライターの李信恵《リシネ》が、二〇一四年に管理人の男性に対して二二〇〇万円の損害賠償を求めていた。

大阪地裁は差別があったと認定して、管理人に二〇〇万円の支払いを命じた。まとめサイトに対する損害賠償が認められたのは、はじめてのことだ。管理人は控訴したが、二審も一審の判決を支持。そして、二〇一八年一二月に最高裁が上告を棄却し、判決が確定した。

二〇一三年から約一年間、李への誹謗中傷にあたる投稿をまとめて記事化したものが問題視された。判決は、「頭おかしい」「朝鮮の工作員」といった表現が、社会通念上、許される限度を超えた侮辱にあたると認め、ヘイトに該当するとされた。

さらにこの一件が注目されたのは、まとめサイトという他人の言葉をまとめる行為が、ヘイトと認定されるかどうかが問われたことだ。管理人は反論として、「ネットの投稿を転載しただけで自らはヘイトをしていない」と主張した。

だが、これは誰かのフェイスブック上にヘイトスピーチが流されたときに、「ユーザーが勝手にやっているだけだ」とフェイスブックが開きなおるようなもので、許されるものではない。とりわけ「保守速報」の管理人は、自分でヘイトなコメントを抽出し、まとめているのだから、悪質といえるだろう。

この裁判を経て、まとめサイトのような「編集」行為も、ヘイトになりうることが実証された。最近はツイッターでも、引用やリツイートといったかたちで他者のヘイトコメントを拡散することに規制をかける動きもある（他人のヘイトコメントをリツイートすると、最悪の場合、アカウントが凍結される可能性が議論されている）。

ちなみに、この裁判が話題になったとき、「保守」を自認する人々がネット上で、「保守」と「差別」を一緒にしないでほしいと述べているのを筆者は見かけた。まさにそのとおりであろう。保守を名乗る差別主義者は、保守にとってもやっかいな人々なのである。

ネットの自警団には要注意

トランプ政権誕生以降、アメリカでは国内の人々の対立が深刻化している。対立はネット上でも進んでおり、重大な問題を生んでいる（「『doxing（晒《さら》し）』目的のクラウドファンディング——個人情報を特定する〝私刑〟のリスク」Yahoo! 個人で筆者が執筆 2017/8/23)。

二〇一七年八月、バージニア州シャーロッツヴィルで、白人至上主義者が集会を開き、それに抗議する人々と対立した。そして、白人至上主義者のひとりが抗議する人々のなかに車で突っこみ、死傷者を出すという凄惨《せいさん》な事件があった。この事件に関連して、車を運転していた白人至上主義者の住所や名前などの個人情報を探せ、という声がネットで聞かれるようになった。

アメリカの女優ジェニファー・ローレンスはフェイスブックで、前述の白人至上主義者らの集会で撮影され、参加者が写った画像を掲載したうえで、「これが憎悪の顔。よく見てみつけた人は投稿して。インターネットから隠れることはできない、この哀れな卑怯者!」と投稿した。この投稿は、集会に参加した白人至上主義者の身元を特定し、個人情報を探せとうながしているようにも考えられることから、賛否両論があった。

個人の名前や住所などを特定してネットにさらすのは「doxing=晒し」と呼ばれる行為である。情報を見た人々が、その人物の家を襲撃したり、職場に嫌がらせをするようなこともありえる。doxingとは、一人ひとりの市民が私刑=集団リンチを引きおこす原因になる行為といってもいい。私刑だからこそ、警察権力とは異なり、ときに歯止めがきかなくなってしまう。

ネット上に自警団が生まれることで、問題は深刻化する。たとえば前述したシャーロッツヴィルの事件前夜の八月一一日に、バージニア大学内で行われた白人至上主義者の集会の写真には、「アーカンソー大学工学部」というTシャツを着た人物が写っており、この人物を特定しようという動きがネットで広がった。

その結果、アーカンソー大学のカイル・クイン教授がその人物だと名指しされた。しかし、その特定は明らかなあやまりであった。教授は当時、仕事で大学から二〇〇〇キロ離れたところにいたことが証明されている。デマが判明したあとも教授に対する誹謗中傷は絶えず、彼を「解雇しろ」という電話が大学に多く寄せられた。

このように、doxing は多くの問題を引きおこす。よって、右翼や左翼といった政治的信条のみならず、たとえ対象が差別主義者であろうとも、doxing を行ってはならないと筆者は考えている。

一方、アメリカでは doxing に報奨金を出すようなサイトが登場している。インターネット上で不特定多数の人々から資金を調達する「クラウドファンディング」を利用して、対象者を見つけだす doxing サイトである。こうしたサイトが、さらに人々の憎悪を引きだし、対立をあおる原因となることは目に見えている。

デマ・拡散・炎上

すでに述べたとおり、ネットは私刑が加速しやすい環境をもたらす。というのも、デマやフェイクニュースが拡散しやすいからだ。ネットの情報を読んで、人々は嘘に踊らされ、不安に陥る。

ネットのデマと拡散、そして炎上に関して、具体的な事例をとおして検証してみよう。

スマイリーキクチが教えてくれること

一九九九年からネット掲示板で「殺人事件の犯人だ」と書きこまれ、一〇年間にわたり誹謗中傷を受けつづけたお笑い芸人のスマイリーキクチ。彼は自身の経験をもとにネット上の誹謗中傷に対する対策動画を制作し、ユーチューブで公開した。テーマ別に「リベンジポルノの対処法」「ストーカー被害の対処法」「警察に行く際の手順と注意点」など一〇本の動画は、それぞれが三～七分のものだ（**「お笑い芸人のスマイリーキクチさんがネット誹謗中傷への対策動画を公開　10年間誹謗中傷を受け続けた経験をもとに」　ねとらぼ　2015/9/1**）。

スマイリーキクチによれば、当初はいわれなき中傷の被害を訴えても、警察は相手にしてくれなかったという。しかしながら、二〇〇九年になると、最終的に一九人が名誉棄損容疑で摘発されることになった。彼らは書きこみの事実を認めたものの、キクチに直接謝罪することはなかった。その理由は、「ネットの情報にダマされた」とか「自分だって被害者だ」といったものだった。

フェイクニュースに踊らされた結果、関係のない人を傷つけるような言動を起こした人も、同様の弁解をすることがある。ネット上の他人の放言を信じたのは自分であるのに、どこまでも責任を回避しようとする心の動きについて、私たちはもっと考えなければならない。

ちょっとしたきっかけで他者を排除する傾向は、慢性的な不安や自分と向きあう余裕のなさが原因のひとつにある。ツイッターなどでデマ情報をリツイートする。何となくやっているつもりでも、自分が犯罪に加担してしまうケースもある。目を引いたり共感すると、リツイートや「いいね」のボタンをつい押したくなるのかもしれない。

だが、一呼吸おいて、「この情報は正しいものなのだろうか」と考える時間が私たちには必要とされているのだ。

日本で起きた私刑＝ネットリンチの実例

スマイリーキクチのように、有名人がいわれのない誹謗中傷を受ける。一方、ネット上では知りもしない他人について、憶測で私刑を行う人々があらわれている。

二〇一七年に東名高速道路で生じた追突死亡事故では、加害者と名字が一致するという憶測で、一部の人たちが無関係な人々へ私刑を行った（**「『ニュース見てないんか』『息子やろが』東名追突死亡事故、デマ拡散で無関係企業に嫌がらせ　暴走する〝ネット私刑〟の恐ろしさ」ねとらぼ 2017/10/18**）。

同年六月に東名高速道路でワゴン車が大型トラックに追突され、夫婦が死亡した事件を覚えている読者も多いのではないか。

パーキングエリアで雑な駐車を注意された加害者が、注意をした夫婦の乗るワゴン車に対して妨害走行をしたあげく前に出て、追いこし車線で停車。やむなく停車したワゴン車の夫に対し、加害者が胸ぐらをつかんで車から引きずり出そうとした。そのとき、後方からトラックが突っこみ、ワゴン車の夫婦は死亡した。

加害者が逮捕された際、「石橋○×容疑者（福岡県中間市／建設作業員）」（メディアでは実名）と報道された。ネットではすぐに容疑者の身元が「捜索」され、福岡県北九州市にある「石橋建設工業」が石橋容疑者の勤務先、あるいは石橋容疑者の実家だ、といったデマが拡散した。この石橋建設工業は、犯人とは無関係の企業だ。

ネットでは事務所や社長の自宅住所、そして電話番号がさらされ、「犯人はお前の息子だろ」といった抗議の電話が会社に数多く寄せられた。その数は、多いときで一日一〇〇件にのぼったという。

ネットに個人情報をさらすことは、「ネットの自警団には要注意」（一八七頁）で述べたdoxingにあたり、許されない行為である。今回の場合、石橋建設工業という自分には無関係な組織や人々に対し、まちがった情報が元になっているにもかかわらず、自分が「正義」だと勘違いしたネットの人々が攻撃したことになる。

「ウェルク」問題で論じたように、まとめサイトのなかには、あまり調べず憶測で書かれた記事も多い。今回は、ネットの掲示板などに憶測で書かれた石橋建設工業の住所などを、一部のまとめサイトが記事化。それを読んだ人々が石橋建設工業に苦情の電話を入れるという、負のスパイラルが生じてしまった。その後、嘘の情報を拡散したまとめサイトのなかには閉鎖されるものもあったという。

いずれにせよ、嘘《うそ》や憶測の情報をネットに書きこむ人や、それをまとめサイトに記事化して拡散する人などの暗躍《あんやく》によって、根拠が薄い情報を真に受けて、苦情の電話を入れる人が連鎖してしまった。苦情の電話を入れた人々は、「正義感」にかられてやったことなのだから、自分は偽の情報に踊らされた、と弁明するのかもしれない。

しかし、先のスマイリーキクチの問題と同じく、そうした「正義感」や「善意」があれば、「偽の情報を真に受けた」ことは正当化されるのだろうか。否、そんなことはありえない。

被害者である石橋建設工業は、抗議の多さゆえに、一時的に休業に追いこまれた。そして、その被害は経済面だけでなく、精神面など広範囲におよぶ。まったく無実の人々が、ネットの偽情報によって「私刑」にさらされたのである。

こうした被害は、これを読んでいる読者にいつ襲いかかってきても不思議ではない。筆者が私刑を否定するのは、市民の「善意」が暴走する可能性を懸念するからだ。

私刑関連の事件を見聞きするたびに、永井豪《ながいごう》の名作漫画『デビルマン』を筆者は思いうかべる。人々が悪魔に取り憑かれていく世界が描かれる同作では、人々が疑心暗鬼に駆りたてられ、無実の人々が自警団に殺されていくシーンが描かれている。

私たちは、ひとりでは弱い存在だが、集団になると力を発揮する。しかし、集団が「群衆」と化したとき、その力が罪のない人々に向けられてしまうこともある。

韓国に関するフェイクニュースを流した日本人の話

海外で取りあげられることの多いフェイクニュースは、日本でも横行している。なかには政治的意図ではなく、金儲けのためのものもある（『**ヘイト記事は拡散する』嫌韓デマサイト、運営者が語っ**

た手法」**BuzzFeed News Japan 2017/1/27**)。
「大韓民国民間報道」という名のサイトが、衝撃的なニュースを掲載した。二〇〇〇年にソウルで観光客の日本人の女児が強姦された事件があり、裁判で韓国人の犯人が無罪になったというのだ。もちろん、これはフェイクニュースだ。

このサイトは、元ネタ(引用元)として「韓国新聞」という名のサイトへリンクを貼っているが、そのような新聞はない。ニュースサイトのBuzzFeed Newsが調べた結果、この「大韓民国民間報道」の記事はフェイスブックとツイッターで計一万八〇〇〇回以上もシェアがされていた。「韓国」と「日本」が見出しに入った記事としては、一年間で七番目の多さだという。

BuzzFeed Newsの記者が「大韓民国民間報道」というサイトの管理人へのインタビューに成功した。管理人は二五歳の無職の日本人男性で、フェイクニュースの作成を認めている。目的は金儲けであり、政治的な意図はなく、アメリカ大統領選でフェイクニュースを作った若者が一〇〇万円以上稼いだことを知って、自分もやったと述べている。彼は理系の難関大学院を卒業したエリートだが、希望した研究職に就けず、就職した企業も一年で退職したという。

フェイクニュースの作り方は、手の込んだものだ。本物のニュースサイトの書き方をまねて、ひとつの記事を二〇~三〇分かけて書く。引用元として、韓国語のニュースサイト(すべて偽物)も作っている。ただし翻訳ソフトを使ったものなので、韓国語を理解する人にはすぐに嘘と見抜かれてしまう。

記事には広告を入れ、サイト経由で商品が購入されると稼ぐことができる「アフィリエイト」も利用。スポーツや生活に関する記事といった記事も作り、より本物っぽさをアピールしたという。

いわゆるネトウヨをターゲットにしたこのサイトだが、実際に「在特会」の元会長が記事をシェアし、フォロワーたちに拡散されたところ、一気にアクセスが集まった。とはいえ、結局のところ収入は数千円程度であり、サイトの管理費用を考えれば赤字だったとのこと。

一〇日間で一七万ページビューだったが、サイトは閉鎖。アメリカのフェイクニュースは英語なので世界中で読まれるが、日本語のサイトをクリックするのは日本語を理解する者に限定される。

ところで、インターネットの黎明期に、2ちゃんねる（現5ちゃんねる）の管理人であったひろゆきは、「嘘は嘘であると見抜ける人でないと（筆者注…掲示板の利用は）むずかしい」と述べた。この言葉は掲示板を越えて、インターネット全般に適用されると思われるが、これだけインターネットが公共的なものになると、そのような玄人《くろうと》向けの格言は通用しない。

ネット上の嘘が嘘だとわからない人が増えているからこそ、嘘を見抜けず、それを信じる人に向けてフェイクニュースが発信される（当然、すべての嘘を見抜ける人もいない）。発信する側は、政治的な意図があるケースだけでなく、金儲けのためにも嘘のニュースを作りあげる。

厳格なルールが求められる医療情報

医療情報サイト「ウェルク」も、これまで述べてきたフェイクニュースに近い情報をサイトで提供してきた。そうした事情もあり、医療関係のサイトに関しては、二〇一七年九月に厚労省が対策を講じはじめた（『「うそや大げさな表示」の医療機関ウェブサイトは、誰でも通報できる』BuzzFeed News Japan 2017/8/30）。

厚労省は同年八月二四日に「医療機関ネットパトロール」を開始。医療機関のサイト上の虚偽・誇大広告を取り締まるのが目的で、厚労省に委託された日本消費者協会が監視し、一般ユーザーからの通報も受けつけるという。厚労省の「医療広告ガイドライン」と「医療機関ホームページガイドライン」に違反する疑いがあるサイトが通報の対象になるという。

これまでネットの広告は、自らクリックや検索をしなければ見られないこともあり、チラシや看板とは異なるとされ、役所の規制対象外だった。だが、同年六月に成立した「改正医療法」によって、ネットのサイトも規制対象となった。前述のガイドラインでは、「絶対安全な手術」や「がんが消える」といった表現が禁止となるほか、事実を誇張するものや画像修正ソフトの使用も禁止となっている。

また、保険適応外となる「免疫細胞療法」などの自由診療も、リスクや費用、副作用などについてサイトで周知しなければならない。検索すればするほど、ネットの奥の奥にはさまざまな情報が渦巻いている。なかにはがんが治ったという情報があったり、怪しい薬が販売されていたりもするという。

通常であればだまされないユーザーでも、重い病気で悩んでいる場合などの緊急時には、そうした情報を信じたくなってしまうのも事実だ。だからこそ医療情報には、より厳格なルールが求められている。

ネットに拡散された情報は事実上「訂正不可能」

ここまでネットの負の部分について述べることが多かった。では、ネットのよい部分は何なのだろう。すでに述べたことだが、まず情報を投稿し、まちがいがあれば直す（アップデート）ことができる点だ。

ＯＳやウェブサービスなどは、アップデートを繰りかえすことで、ユーザーの要望に柔軟に対応することができる。ニュースにも同じことが言えるものの、最初のニュースの内容がまちがっており、たとえまちがいが訂正されてもユーザーがそれを見なかったとすれば、そのユーザーはまちがった情報を得たままになってしまう。

それがどれほど重大なことか（**「なぜネット上では『ウソ』が真実よりも拡散されてしまうのか？」 GIGAZINE 2014/10/24**）。

オンライン上で共有されている情報追跡ツール「Emergent」をコロンビア大学の研究者が開発し、ツイッターやフェイスブックといったＳＮＳ上で生じる情報の拡散のあり方を研究した。その結果が興味深い。

二〇一四年八月に「リビアで兵士がトリポリ国際空港を占拠し、一一機の民間機が捕らえられて行方不明になった」というニュースが、欧米で一四万件以上のシェアを獲得したという。その後、民間機は「捕らえられて」いたのではなく、政府組織が移動させていた、という訂正のニュースが掲載された。しかし、訂正後のニュースのシェアは八〇〇件程度だった。この差は驚くべきものだ。

もうひとつは、手術で三つ目の乳房を得た女性がいる、というニュース。こちらは二〇万件以上のシェアがあった。その後、三つ目の乳房は取りはずし可能な人工乳房だったことが暴かれたが、真実を伝えたニュースのシェアは三分の一以下だったという。

これらの事例からわかることは、最初に拡散されたニュースは多くの人に読まれ、その後の訂正ニュースはほとんど読まれない、ということである。だからこそ、最初に発信されたニュースは重要な意味を持つのだ。

このことは、デマが流されてしまうと、それが訂正されたとしても、多くの人は最初のデマを「正しい情報」として記憶してしまう可能性が高いということを意味する。ネットの嘘情報が、どれだけ私たちの知の基盤を揺るがしかねないかが、これらの事例を知るだけでも理解できよう。

訂正ができるからこそ、不正確であっても「速報」を流せるのがネットの強みだ。でも、本当にそれでいいのだろうか。新聞のように、ほぼ毎日読者が読むと想定できる媒体であれば、訂正が読まれる確率は非常に高い（それでも基本的に誤報が許されないのは、いうまでもない）。

他方、まるで新聞を読むように、毎日決まったサイトを訪ねるユーザーは、それほど多くないだろう。一般のネットユーザーは、友人のシェアやニュースアプリから流れる「その場限り」のニュースに接している。よって、訂正ニュースを目にする機会は少なくなる。

このような現状に対しては、まずもってユーザー自身がニュースの正確性に注意を払わなければならない。とはいえ、忙しい日々のなかで、わかってはいても、そのような態度を一人ひとりに望むのは困難だともいわざるを得ない。

ゆえに、個人個人の意志ではなく、問題を解決できるような仕組みの設計が必要とされているのだ。

相次ぐヘイトスピーチは声の大きい少数派によるものだった!?

ここまでデマやヘイト、フェイクニュースについて、いくつかの事例を見てきた。どれだけ私たちがそれらの存在を意識したとしても、意図的にヘイトを行う人々が絶えず一定数いるのも現実だ。

ヘイトを行う人々の実態について見てみよう。

実態を解明するための研究は、Ｙａｈｏｏ！と立教大学の木村忠正《きむらただまさ》教授が共同で実施したもの。月一二万件の記事が配信されるＹａｈｏｏ！ニュースには、ユーザーが投稿できるコメント欄がある。そして、コメント数は月間六六〇万件程度という（二〇一五年当時）。研究は、そのなかから二〇一五年四月の、政治や社会といった硬派な記事一万件に投稿されたコメント（数十万件）を分析したものだ。二〇一七年四月に調査結果が発表された（**「ヘビーユーザーを規制してもヘイトが減らないヤフコメという場」Yahoo! ニュース個人、韓東賢《ハントンヒョン》 2017/4/29**）。

多く使われる言葉は「日本」「韓国」「中国」で、とくに韓国に関連するコメントが全体の二〇％を占めており、中国は五％となっている。嫌韓や嫌中に関するヘイトな内容の投稿が多いことがわかった。なかでも、一週間で一〇〇回以上コメントする常連の投稿者が全体の一％いたが、その人々がコメント全体の二〇％を占めているという。

Ｙａｈｏｏ！はヘイトに関わる投稿を禁止しており、見つけ次第、順次削除している。とはいえ、ヘイトと言えるかどうか微妙な投稿もあり、言論の自由との関係で削除できないものも多いという。

いずれにせよ、木村教授の調査によって、ヘイトに関してはラウド・マイノリティ（声の大きい少数派）の存在が目立っていることが明らかになった。つまり、ほんの一部の人々による大量の投稿が、ネット上にヘイトを撒きちらしているということだ。

ネットではこうした現象が生じているが、ラウド・マイノリティによる意見が注目されることで、さも世間のみんなが彼らと同じ考えを持っているといったような誤解は避けなければならない（ただし紹介した記事は、別の研究結果も参照している。それによれば、ヘイトコメントを書くことはなくとも、コリアンに対するネガティブな印象を持つライトユーザーは多いというものだ。気になった読者は記事を確認してほしい）。

あなたの身近にフェイクニュースが

フェイクニュースについて、本書で数多くの事例を参照してきた。では、日本においてどのような対策がなされているのだろうか。

国内のネットメディアやプラットフォーム企業が中心となって、フェイクニュース対策の評議会が設立された。「ファクトチェック・イニシアティブ・ジャパン」（FactCheck Initiative Japan＝FIJ）である。いうまでもなく、医療情報サイトのウェルクや二〇一六年のアメリカ大統領選が設立の引き金となっている（**「これ以上、〝偽ニュース〟を野放しにするわけにはいかない――メディアの信頼性向上を目指し任意団体が発足」ITmedia 2017/6/22**）。

ファクトチェックで偽情報を見破れ

FIJは、国内のフェイクニュースに対するファクトチェックの事例を集積したり、ファクトチェックのガイドラインやその評価方法、効果的な情報提供の方策について検討する。また、国内外のメディアや研究機関、教育機関などと連携をとって、さまざまな団体や個人を支援し、二〇一八年一月にはNPO法人となった。

FIJが掲げるファクトチェックとは、「対象言説の特定・選択」「事実や証拠（エビデンス）の調査」「対象言説の真偽・正確性についての判定」であり、FIJのサイトでガイドライン

を読むことができる。★

ファクトチェックにおいて重要なのは、事実（ファクト＝fact）と意見（オピニオン＝opinion）の区別にある。個人の主観を排し、事実にもとづき、その情報が正しいか否かを問うのがファクトチェックだ。

日本ではFIJが、そして世界でも数多くのファクトチェック団体が活動を継続している。しかしながら、多くのユーザーはその活動を知る機会がないままであろう。そもそも、初動のニュース以外の検証記事が多く読まれないことは、すでに述べたとおりである。

ネット社会が私たちの日常に入りこんできている現在、FIJのような活動はたいへん重要である。一方で、ネットが日常化しているからこそ、記事が事実かどうかにこだわる姿勢を、ユーザーが忘れつつあるのかもしれない。

ファクトチェックに関する情報を、どうやって一般ユーザーに伝えていくかが目下の課題である。

動画にもフェイクの波が

フェイクニュースの巧妙さは、さらに増してきている。いまやフェイクニュースは、文字だけでなく動画にもその範囲がおよんでいる。

ワシントン大学の研究チームは、音声に合わせてリップシンク、つまり口パクを自動で行う動画編集ソフトを開発した（もちろん研究として発表されたものであり、それ自体はフェイクとは関係ない）。研究では、オバマ元大統領が八年の任期中に行った一七時間におよぶ定例演説の動画を、人工知能に分析させた。

口元の動きを人工知能が学習した結果、インタビューなどで語られたオバマ元大統領の言葉に対して、その口元を別の音声に合わせて改変することが可能となった。つまり、音声を入れかえた口パク動画を簡単に作ることができる、ということだ（**「２０３０年、ＡＩはフェイクニュースをどれだけ進化させるのか？」新聞紙学的 2017/7/22**）。

これを応用すると、どうなるのか。たとえば、ある議員が一〇年前に語った言葉の口元だけを改変して、つい最近国会で述べたようなコメントの動画をフェイクニュースとして流すことができる。当然、ファクトチェック団体が訂正を行うであろう。しかし、ＳＮＳで拡散された動画を見た多くの人は、その情報が嘘だとは思わず、口パク動画を本物だと思ってしまう可能性が高い。

動画にまでフェイクの波が押しよせた結果、ネット上にアップされているもののうち、何が正しくて何が偽物なのかを判別することが、たいへんむずかしくなっている。

さらに最近では、人間の音声を人工的に作りだす人工音声の開発も進んでいる。開発が進めば、どこかの国の首相にそっくりな音声を人工的に作り、リップシンクさせた動画と組みあわせれば、その首相に思いどおりのことを言わせるような、究極のフェイク動画を作成すること

★くわしくは、ＦＩＪのサイトを参照→http://fij.info/

が可能となる。

一方で人工音声技術は、病気などによって声を失った人の声を機械でよみがえらせるなど、医療分野で期待が寄せられている。実際、病気で失う以前の声データを人工知能に読みこませることで、精度の高い人工音声を構築することが可能になりはじめている。他方で、前述のようにフェイクにもちいられる問題もある。

このようにフェイクにまみれた社会のなかで、本物を見極めることを個人の良識に求めるには限界がある。それゆえに、ファクトチェックがフェイクを見抜き、それらをわかりやすく人々に提示できるようなシステムが求められているのである。

復讐ツールとしてのネット

近年のインターネットにおける脅威のひとつに「リベンジポルノ」がある。1章で触れたように、元交際相手や元配偶者などの性的な写真や動画を、復讐目的でネットに投稿する行為である。

被害者の社会的・心理的ダメージが高い行為であることから、リベンジポルノは世界的にその危険性が指摘されている。

リベンジポルノ防止法が成立

二〇一四年一〇月には、自民党が最高で懲役三年などを盛りこんだ新法案をまとめた（「リベンジポルノに最高で懲役3年　自民党が新法案」The Huffington Post 2014/10/9）。

同年一〇月、自民党はリベンジポルノ問題の特命委員会を開き、概要をまとめるほか、公明党は野党に賛同を呼びかけ、議員立法で国会提出、成立を目指していた。概要によれば、リベンジポルノを「公表罪」とし、不特定多数に性的な画像などを提供した場合、三年以下の懲役または五〇万円以下の罰金を科す。また、そのような画像を拡散目的で特定のユーザーに提供した場合、拡散者にも一年以下の懲役または三〇万円以下の罰金が科される。

リベンジポルノは、見つけたら早い段階でネットから削除することが重要だ。いったん拡散すると、ネット上に画像が半永久的に残ってしまうからだ。そこで、被害者からプロバイダに画像の削除依頼があった場合、本来であればプロバイダ責任制限法にもとづき、削除に対する同意を発信者に照会し、七日間経過しても連絡がない場合に削除できるという原則を、リベンジポルノに関しては特例を設け、照会期間を二日に短縮する。

法案は、同年一一月一九日に衆参両院を可決し、「私事性的画像記録の提供等による被害の防止に関する法律」が成立した。内容は前述のとおりで、親告罪（被害者の告訴があることを必要とする犯罪）となる。

被害にあったら早急に相談窓口へ

法が施行されたものの、重要なのはリベンジポルノの対策がどれだけ実施されているかどうかだ。リベンジポルノ被害者に対して、どのような対応がなされているのか。

Ｙａｈｏｏ！やミクシィ、サイバーエージェント、メルカリ、ＤＭＭなどのＩＴ企業が資金を拠出して運営する「一般社団法人セーファーインターネット協会（ＳＩＡ）」が主体となり、リベンジポルノ被害者に向けたサイト「リベンジポルノの被害にあわれたら」を開設した（**「リベンジポルノ被害者の窓口サイト開設、プロバイダーへの削除依頼を代行、拡散前に早期相談を」INTERNET Watch 2016/3/25**）。

内容は、被害者の要請で警察に通報したり、国内外を問わず画像や動画の削除依頼などを被害者に代わって行うというもの。リベンジポルノに限らず、児童ポルノやネットいじめなどの対策にも力を入れるという。自主パトロールを強化した二〇一五年には、五四六六件の児童ポルノを一年間で把握し、うち四三三三件を削除した。

リベンジポルノについては、前提として被害者が名乗りでないと事実関係が把握できない。二〇一五年の一年間では、二五件の相談があった。相談があった被害者の画像や動画の拡散についてＳＩＡが調査し、実際に削除要請を行ったのは四七二件（国内一九％、海外八一％）。そのうち三八一件が削除になったという。

また、ＳＩＡによれば、二〇一七年のリベンジポルノに関する相談者数は二〇一六年と比べて一・五倍に増加した。一方、画像や動画の削除率は二〇一六年には九一%まで上昇したが、二〇一七年には七九%に低下してしまった。この理由についてSIAの見解は、大量拡散した情報の削除の困難さを示すもの、と説明している。

情報の拡散速度は年々上がっており、それに比例してリベンジポルノの被害件数も増える一方だ。そして、リベンジポルノの被害画像や動画は、およそ九割が国外のサイトで公開されている。それゆえに削除するのがむずかしいという事情もある。

繰りかえしになるが、リベンジポルノを防ぐためには、その元となる画像や動画を「撮影しない」「撮影させない」ことが重要となる。どれだけ相手のことが好きであっても、信頼していても、拡散したら困るような画像や動画の撮影には応じない姿勢が望ましい。

フェイクの波はポルノにも

フェイク動画とリベンジポルノは、その影響力や個人に与えるダメージの観点から見ても、とくに問題の多いものだ。しかしやっかいなことに、近年はポルノ動画の顔部分を有名人や、場合によっては一般人の顔に置きかえる「フェイクポルノ」(「ディープフェイク」とも呼ばれるが、本書ではわかりやすさを考慮してフェイクポルノで統一する)の問題が指摘されている(**「ポルノ動画の顔部分を有名人と取り替える「フェイクポルノ」——リベンジポルノにも利用される恐れ」Yahoo! 個人で筆者が執筆 2018/3/1**)。

一昔前ならヌード写真の顔を有名人のものと取りかえる「アイコラ(アイドルコラージュ)」な

どが問題とされたが、その多くはすぐに嘘と見抜けるものだった。しかし、人工知能技術の発展によって、その精度は向上しており、一見すると本物と見分けがつかなくなってきている。

海外のサイトでは二〇一七年一二月くらいから注目されていたフェイクポルノだが、一般ユーザーがフェイクポルノを作成できるアプリを公開したことから、専門家でなくとも作成が可能となってしまった。

その結果、アダルトサイトには有名人の顔を利用したフェイクポルノが多数登場することとなった。サイト側も人工知能を使ってフェイクを見破り、動画を削除しているが、すべてを削除することはむずかしいのが現状だ。

さらになげかわしいことに、SNSなどに掲載された一般人の顔データからフェイクポルノが作成できることもわかっており、掲示板サイトなどでユーザーがフェイクポルノ作成を「作り手」に依頼するケースも確認されている。SNSに自分の写真をアップしているだけで、誰かがフェイクポルノを作成しているかもしれない。それだけでも気持ちが悪いのに、最悪の場合それがネットに公開されてしまう可能性もある。さらにはリベンジポルノに限らず、いじめ目的や怨恨《えんこん》からフェイクポルノを拡散する輩が登場してもおかしくない状況だ。

先にフェイク動画技術について解説したが、フェイクポルノはこうした技術が最悪なかたちで悪用されてしまった事例といえるだろう。また前述のとおり、嘘だと主張しても、最初に拡散された偽の情報を訂正情報が上回ることは稀《まれ》であり、「本当にあの人のポルノ動画はあった」と誤解したままのユーザーもあらわれることになってしまう。

フェイクポルノはその性質上、有名人であれ一般人であれ、被害者の精神的ダメージは甚大なものだ。いつでもフェイクの可能性を考慮しつつ、つまり「自分はまちがっているかもしれない」という認識を持ちつつ、ネットに接する態度が求められる。

ツイッターもリベンジポルノに対応

リベンジポルノの拡散手段としては、拡散相手が知人・友人に限定されるＬＩＮＥや、不特定多数への拡散を狙ったツイッターなどがあげられる。ここではリベンジポルノに対するツイッターの対応について見ていきたい。

二〇一七年一〇月は、アメリカで映画プロデューサーのハーヴェイ・ワインスタインによる一連のセクハラが告発され、＃ＭｅＴｏｏ運動が注目された時期である。ＳＮＳにおいてもセクハラの問題が噴出。ツイッターの運営をめぐって批判が集中した。

そこでツイッターは、今後の嫌がらせ対策などの予定を公表し、少しずつ対策を強化していくことを発表した（**「Twitter、同意のないヌードなどのコンテンツ投稿対策の詳細を説明」ITmedia 2017/10/30**）。

対策の一環として、ツイッターは新しい利用規約を追加し、リベンジポルノの投稿を禁止した。同意なしに私的な写真あるいは動画（隠しカメラで撮影されたヌード、部分ヌード、および／あるいは性行為等）の拡散を禁止したり、ヌードやそれに近いものについては、同意がないものの投稿を禁止とする。

ただし、リベンジポルノについては判別がむずかしいことから、場合によっては被害者や代理人からのレポートを要求し、証明できればすぐに削除するという。また、リベンジポルノ関連の投稿をリツイートするユーザーも、投稿を削除しなければアカウントを停止できるようなルールを追加している。

こうした対策はリベンジポルノに限らず、ヘイト投稿などにも適応されていく。同年一二月には、「ヘイト行為や攻撃的な行為を減らすための新しいルールの施行」を発表し、ヘイトに対して取り組む姿勢を示している。★ だが実際には運営の手がまわらないのか、悪意ある投稿が野放しになっていることも多い。

ソース（情報の出所）がわからないコメントやきわどい写真などを、興味本位でリツイートや「いいね」をするユーザーは一定数存在している。読者においても、何となくリツイートしたが、あとからそれがフェイクであったり、他人を傷つけるようなものだったと気づいた経験があるかもしれない。

このように、センシティブな情報であればあるほど、その取りあつかいには注意しなければならない。それでも昨今は、フェイクポルノに代表されるように、被害者個人では防ぎようのないものも多い。

とはいえ、そうしたリスクがあっても、簡単にネットやSNSから撤退することはできない。それらはすでに生活インフラとなっており、承認欲求のためだけに利用するようなツールではないからだ。フェイク動画やフェイクポルノはとりわけ悪質だが、それらを無効化するような技術が求められている。

他方、悪意ある投稿の拡散を防ぐことは重要だが、それでも前述のように、つい疲れて判断力のないときに目に入ってきた投稿を、何気なく拡散してしまうことも、人間ならあるだろう。こうした「人間の脆弱性」を補完するための技術もまた、求められている。

たとえばアメリカでは、十代の女性が「Rethink（再考）」というアプリを開発した。このアプリを使うと、攻撃な言葉を投稿するときに「本当に投稿しますか」と表示される。この一言によって、私たちは自分がたった今やろうとした愚かなことを考えなおし（再考し＝rethink）、止められるのだ。こうした技術は、私たち自身の弱さや脆さをよく理解したうえで設計された、優れた技術である。

★ くわしくは、ツイッター公式サイトを参照→https://blog.twitter.com/ja_jp/topics/company/2017/1210policy.html

5
進化し続けるネット社会の未来

～ネットとの付きあい方を示唆する5つの話～

果てしない技術向上の先にあるもの

検索の、その先へ

筆者を含めて多くの読者は、毎日スマホから何かを検索している。すっかり当たり前になった検索だが、指や声で行うこの検索という行為。これほどまで日常的になると、かえってめんどうだと感じることはないか。

IT業界は、検索に代わる新しい「何か」を考えているのだろうか。進化が続くネット社会の最先端をのぞいてみよう。

「ネットで検索」はもう古い？

たとえばグーグルは、スマホのグーグルアプリのなかに「フィード」と呼ばれる機能を搭載している（二〇一八年には「Discover」に改名）。グーグルがこれまでのユーザーの行動データを分析し、ユーザーがアプリを開くだけで自分好みの情報が提示されるというものだ。

これまでは、興味があることを検索するか、ＳＮＳの投稿などから興味が広がることが多かった。一方、このフィード機能は、グーグルの人工知能が読者に、「あなたの興味はこれでしょう?」と知らせてくれるのである。簡単にいえば、人工知能が勝手に検索をやってくれる、ということだ。

もちろん、こうしたオススメ機能は以前からあった。ユーチューブの場合、閲覧履歴を元にオススメ動画を提示する。アマゾンでは、買ったものの履歴から商品が勧められる。とはいえ、グーグルが持つ情報は膨大である。今後は、自分自身が気づかなかったような興味を気づかせてくれるような「予期せぬ出会い」を、グーグルが各ユーザーに与える時代がやってくるかもしれない（七一頁を参照）。

前述のとおり、人工知能の現場では、過去の履歴（検索履歴や商品購買履歴）などからユーザーの好みを分析する。だが、ビッグデータ分析が進む昨今、さらにユーザーの未知の興味分野を開拓することが可能になってきている。

ユーザーが好きそうなものの提案から、まったく知らず興味もなかったが、提案されてみれば楽しいかもとユーザーが思えるようなものが提案される。こうした（広い意味で）予期せぬ出会いは「セレンディピティー」と呼ばれ、この出会いをどれだけ提案できるのかが、今後のＩＴ企業に求められている技術だといえる（**「キーワード検索はもう古い？ 元最年少社員が生み出したグーグルキラー」BUSINESS INSIDER 2017/7/28**）。

サンフランシスコの新興企業「ノード（Node）」が開発中の人工知能は、顧客と顧客、あるいは企業と企業を、適切な時期に出会わせる「マッチングサービス」だ。膨大な情報を分析することで、その都度の検索を必要としない。

このような試みがどの程度成功するかはわからない。それでも、IT企業、ならびに私たちを取りまくデータ環境は、私たちの心の内側に入りこみ、まだ知らない私や未来の私について知ろうとする。それは恐ろしい未来なのだろうか。あるいは、自分の興味をもっと広げてくれる明るいものなのだろうか。

こうした問題は、さまざまな議論を生むだろう。たとえば政治的な偏りがある人に、その偏りをさらに助長するような出会いを提供する可能性がある。すでに、いま出回っているニュースアプリや一部のサービスには、そうした問題が潜在的に存在する。とはいえ、何が「偏っているか」を定義することもまた、十分に議論する必要がある。

一方、保守的な思想の持ち主に、リベラルの思想と自分が部分的に重なっていることを教えてくれたらどうだろう。そのような偶然の出会いは、ユーザーに別の政治的な視点を与えることにもなるだろう。

しかし、問題はまだある。健康食品を食べているユーザーに、ジャンクフードを「偶然」教えることはどうだろう。逆に、ジャンクフードを食べているユーザーに、健康食品を教えるのはよいのだろうか。さらに言えば、「どのような」教え方がよいのだろうか（この点については、ビー・エヌ・エヌ出版から刊行されている堀内進之介・吉岡直樹著『AIアシスタントのコアコンセプト』で議論されている）。

検索結果から人の心を知ることの是非

検索が不必要になる社会が話題になるが、従来のオススメ機能によって、好きなものをもっと好きになるといったあり方は、まだまだネット上の主流である。

ところで、好きなものをもっと好きになることはよいことのように思えるが、それが「過激派思想」であったらどうだろう。グーグル系のシンクタンクが、ＩＳＩＬに参加する人々に対して、その信奉を解くのに有効だと思われる動画を見せる技術を開発した。

グーグル系のシンクタンク「ジグソー（Jigsaw）」（旧Google Ideas）は、グーグルの検索広告アルゴリズムとユーチューブを連動させて、「リダイレクトメソッド（Redirect Method＝軌道修正法）」と呼ばれるプログラムを開発したという（**「ＩＳ志願者を止める『グーグル流の対テロ作戦』の効果」WIRED *2016/9/18***）。

ＩＳＩＬに参加しようとしている人々が検索していると考えられるキーワードやフレーズを調べ、そうしたフレーズの検索結果の横に広告を出す。広告はアラビア語と英語のユーチューブチャンネルにリンクされ、リンク先の動画を見ることで、ＩＳＩＬへの信奉を解くことを目的とする。動画には、元過激派の証言やイスラム教指導者たちによるアンチＩＳＩＬ宣言、あるいは爆撃された街の風景などが含まれる。

こうした手法は、簡単にいえば、検索履歴から商品などを提案する「ターゲット広告」の手法を、アンチＩＳＩＬ向けに作ったものだともいえる。二〇一六年初頭にジグソーが二カ月ほど行った実験では、三〇万人以上がアンチーＳＩＬのユーチューブ動画を見た。クリック率（クリック数÷検索して表示された回数×一〇〇）は、通常の検索によって見られる広告の三～四倍にもなるという。

この問題の論点は、ＩＳＩＬなどの過激思想の問題とは別のところにもある。商品であれ政治的思想であれ、検索結果からその人の心を知り、（社会的な合意が取れれば）その心を操ることが可能になる、という点である。

アンチーＳＩＬに関する動画を人々に見せやすくすることは、公共的にも重要であり社会的な合意が認められる。しかし、これがほかのことに使われることは、別途議論しなければならない。

ヴァーチャル空間と現実空間は境目がなくなる⁉

二〇一六年はＶＲ（バーチャル・リアリティ）元年とも呼ばれ、「Oculus Rift（オキュラスリフト）」（アメリカのＶＲゴーグル。フェイスブックに買収された）や「プレイステーションＶＲ」といったＶＲゴーグルが一斉に発売された。

ジャーナリズムの世界でも、ＶＲを使ったさまざまなサービスが登場している。

自分がそこにいる「体験」を提供する

三六〇度の世界が楽しめることから、ＶＲの用途はゲームに限定されない。コンサートやスポーツなどの現場にＶＲ機器を置くことで、現場の映像をＶＲ配信で生中継することも可能である。そうなれば、現場にいないユーザーも視界三六〇度で観ることができる。場合によっては選手のすぐ近くなど、現場で観ているファン以上の、特等席からの観ることも可能である。

ゴーグルを装着することで三六〇度の世界が体験できるＶＲ技術は、映画やゲームなどのエンターテインメントの領域で、二〇一九年現在も発展が著しい。これをジャーナリズムにも生かそうとする試みを、「ニューヨーク・タイムズ（New York Times）」や「ウォールストリートジャーナル（The Wall Street Journal）」などが、三六〇度の３Ｄ動画配信というかたちで行っているという（「３６０度３Ｄでニュースを体感する：バーチャルリアリティ・ジャーナリズムが一気に加速」新聞紙学的 *2015/11/13*）。

ニューヨーク・タイムズは「ＮＹＴ ＶＲ」という専用アプリを配信。ＶＲを見るためには高価なゴーグルを買う必要はなく、段ボールで作ったゴーグルの先端にスマホを挿入することで、簡易的なＶＲゴーグルが完成する（スマホは一番簡単な高性能ＶＲ機器なのだ）。

アプリを起動すると簡易的な３Ｄ空間が形成される。ニューヨーク・タイムズは、難民に関する一一分の動画を公開。ゴーグルをかければ、瓦礫《がれき》とともに暮らす子どもたちの映像がリアルに届き、まさにそこに自分がいるかのように感じられる。ウォールストリートジャーナルも同様に、フランス北部の難民キャンプの映像を公開している。

このようにVRジャーナリズムは、社会的な問題を映像だけでなく、自分が「そこにいる」と思えるような「体験」として提供している。ほかにも歴史的建造物など、壊れやすいものを撮影しておくことで、立体的な記録として後世に残すこともできる。

VRの悪用と洗脳の可能性

ただし、VRは悪用すれば洗脳もできてしまう。VR技術のリスクに関する専門家の指摘に耳を傾けてみよう。

プレイステーションVRでゲーム「サマーレッスン」を開発した、バンダイナムコのプロデューサー原《はら》田《だ》勝《かつ》弘《ひろ》は、政府のサイバーセキュリティ啓発イベントでVRの負の面について言及している（**「VRは大丈夫なのか？『サマーレッスン』原田勝弘氏が語るVRの現状と未来」ファミ通 2017/2/2**）。

原田によれば、VRを悪用すれば、VRゴーグルをつけたユーザーを嘔吐させたり洗脳できる可能性があるという。これは、VRがユーザーの心理に深く介入できることを意味する。

一般に、映像は文字に比べてダイレクトな体験が可能だ。その世界に入ってしまえば、言葉による想像以上の事柄を経験できる。しかしどうだろう。本来は文字をとおして「想像」することで個人が考えるべき事柄を、「映像体験」がダイレクトに肩代わりすることで、想像の余地がなくなってしまうかもしれない。

例をあげて考えてみよう。A国とB国が戦争状態にあるとする。ある戦場に装置を置き、戦場の風景をダイレクトにVRゴーグルで体験できるとしよう。左を向けば、自国の兵士が銃弾を浴びて倒れていく。そのような「体験」は、戦争を推進する立場からすれば、非常に有効に機能する。「体験」した人々は敵国に敵意を抱き、戦争を肯定することになるからだ。

しかし、問題はそのVR装置を「どこに置くか」である。A国側なのか、B国側なのか、中間地点なのか。置く場所により戦争の風景は一変し、観た人の心への影響は大きく変わる。こうして強烈な体験は、撮影者の意図をダイレクトに伝え、政治的なプロパガンダにも有効に機能しうるのである。体験が想像を超える可能性とは、このようなことを意味している。

映画を観ながら現場を「体験」する

VRの危険性を検証したところで、VRを利用して多様な視点を提供する、優れた事例をもうひとつ紹介しておきたい。

映画『バードマン』や『レヴェナント』でアカデミー賞を受賞しているメキシコ出身の映画監督アレハンドロ・ゴンザレス・イニャリトゥのVR作品『Carne y Arena』（日本語では「肉と砂」）が、米アカデミー賞特別業績賞を受賞した（「『映画の80％は鑑賞者が発見する』アレハンドロ・ゴンザレス・イニャリトゥ監督が示すVR映画の新しいアプローチ」VR Inside 2017/5/22）。

この特別業績賞は、新しい技術などに対して不定期に与えられるもので、前回は一九九五年に制作されたフルCG作品の『トイ・ストーリー』（ジョン・ラセター監督）が受賞している。

このVR映画は、監督とコンテンツ制作スタジオが共同で作ったものだ。メキシコ不法移民をテーマにした六分半の短い作品で、不法移民がアメリカの国境を渡ろうとする姿が描かれる。途中、一行の行く手をはばむアメリカの国境警備隊やヘリコプターと遭遇する様子が登場する。夜更けに国境へ移動しようとする移民の視点から映画を体験すると、感情が揺さぶられるという。

この映画の特徴は、それだけではない。映画を鑑賞するためには、裸足になって、体験スペースに移動しなければならない。草むらから移民が出てくるシーンでは、自分もその場にいるような気分に没入する。三六〇度が見えるので、当然、国境警備隊の姿もちらつく。

そんなシーンになると興味深いのは、観客の振るまいだという。ある観客はその場に立ちすくみ、またある観客は国境警備隊のうしろに隠れる。さらに、移民の側に寄りそって鑑賞する人もいる。すなわち、自分がどの立場で観るかによって、内容の受けとり方が変わる。

監督自身が述べている「VR映画では私は自分の意図の20%しか鑑賞者に伝えることができません、残りの80%は鑑賞者自身が見つけるのです」とは、このことを指している。

VRが強い体験を引きおこしているにもかかわらず、観客自身の立ち位置が自由になる。すると観客は、自分の想像力をもちいて、映画と向きあわなければならない。何度も繰りかえし体験することで、一度目は国境警備隊の側、二度目は移民の側と体験を重ね、その体験を友人と議論することも可能だ。

このようなVRの使い方は、体験を提供しながらも、同時にユーザーの意思の自由を確保するという、たいへん優れた手法である。VRを論じる際には、こうしたユーザーの意思を確保する方法論について、もっと議論すべきであろう。

二〇一六年がVR元年なら、二〇一七年は（日本では）スマートスピーカー元年だったといえるだろう。アマゾンやグーグル、LINEなどが参入したスマートスピーカーの可能性について考えてみよう。

スマートスピーカーは家族の一員になれるか

なくなりつつあったお茶の間の空気を演出する⁉

日本における発売順で紹介すると、グーグルのスマートスピーカー「Google Assistant」は二〇一七年一〇月に発売され、価格は一万四〇〇〇円（税別）。同時期に発売されたのが、LINEの「Clova WAVE」で、価格は一万四〇〇〇円（税別）。二〇一四年からアメリカで発売されていたアマゾンの「Amazon Echo」は、二〇一七年一一月に日本で発売開始となり、価格は一万一九八〇円であった。

各社それぞれに特徴があるが、ここでは、論点を二つにしぼってみたい。第一は「人と人をつなげるコンピュータ」、第二は「人格（心）を感じさせるコンピュータ」である。

第一の「人と人をつなげるコンピュータ」について。これまでのPCやスマホとを見ればわかるとおり、コンピュータと人間は一対一で向きあう関係がベースだった。しかし、家に置いたスマートスピーカーは、家族や友人とも共有する。よって、一対多数の関係を構築できる。

オススメの音楽を選ぼうとすれば、リビングで何を流すかといったように、家族のあいだで音楽の話題が生じる。スマートスピーカーによっては、人の声を聞きわける機能もあるので、登録すれば親と子どもの声でそれぞれに合った音楽を勧められたりする。

リビングで家族の誰かしらが好きな曲をかければ、家族の会話もはずむだろう。これは、日本で消失したといわれるお茶の間の空気の再来ともいえる。スピーカーが家族間のコミュニケーションの媒介物となる可能性がある、ということだ。

続いて、第二の「人格を感じさせるスマートスピーカー」について。スマートスピーカーは、じゃんけんができる機能がある。幼い子どもがスマートスピーカーと会話しながらじゃんけんに熱中している姿が、子を持つ親から報告されている。あるいは、会話しながらさまざまな情報を検索し、スマートスピーカーの話す言葉から子どもが教えられたりしている（**「日本に上陸した『Google Home』とじゃんけんしてみた　そこから見えた方向性とは」ITmedia 2017/10/7**）。

興味深いのは、スマートスピーカーが単なる機械であるにもかかわらず、会話のやりとりのなかで子どもがコンピュータに人格（心）を感じていることだ。スマートスピーカーに名前を付ける子どももいる。

本書の読者のなかに、自分のスマホに名前をつける人はまずいないだろう。しかし、会話が可能なスマートスピーカーには、子どもが名前を付けたくなる程度には、人格が宿っていると考えられるのである。

姿かたちが何であれ、会話をすることで、相手に心を感じてしまうということは十分にありえる。疲れているときにシャッフル機能で流した音楽が自分の心にマッチしたとき、iPodに感謝の念を感じたりするのが人間だ（筆者はそのように感じたことがある）。

また、必要最小限の「人間らしさ」を追求して作られた人型ロボット「テレノイド」をとおして離れた相手と会話していると、本当にそこに人がいるような錯覚を覚えるという。ソニーの犬型ロボット「アイボ（aibo）」はもちろん、スマートスピーカーが家族のコミュニケーションを円滑にする存在として、より大きな位置を占める可能性は十分にある。

課題としては、音声操作を日本人の七割が恥ずかしいと感じているという点だ。特に街中でスマホに音声で道を聞く人を見る機会はあまりない。筆者自身、人が集まる場所でiPhoneでAIアシスタントのSiriを使っている人を、ほとんど見たことがない（**「日本人の7割が『人前で音声検索、恥ずかしい』」ITmedia 2017/10/5**）。

日本人は、恥ずかしさを乗りこえて、スマートスピーカーやスマホの音声機能を使いこなせるようになるのか。今後も注目していきたい。

IoTの便利さはセキュリティのアップデートが前提

近年注目されているものに、IoT（Internet of Things＝モノのインターネット）がある。今後も拡大の一途が予想されるIoTだが、セキュリティの課題は山積みだ。

まず、IoTとは何か。身の回りのさまざまなモノにセンサーを組みこみ、ネットワークで接続し、そこで得たデータによって新たな価値を創りだす仕組みのことである。

ＩｏＴ市場は増加している。二〇一六年の実績は前年比二七・五％増の五一八億円であり、二〇二一年にはその二倍以上の市場拡大が見込まれている。ＩｏＴは、ロボットなど新しい産業には必須の技術である。一方、玄関のドアが誰が来たのかを教えてくれたり、田畑や庭などの散水装置が天気予報をネット経由で感知し、自動で水量を決定するなど、私たちの身近なアイテムもネット接続が当たり前になるためにも、ますますＩｏＴが必要となる。

ルーターや監視カメラ、白物家電にゲーム機、さらには自動車など、さまざまな機器がインターネットに接続されていく。その一方で、家のなかにあるＩｏＴ機器がサイバー攻撃されると、それを踏み台にしたあらゆる機器への攻撃が可能になりうる（**「国内ＩｏＴセキュリティ市場、21年1250億円予測　スマート家電普及で」ITmedia 2017/11/6**）。

ルーターなどは、販売から年数が経つとセキュリティの脆弱性が発見される。しかし、保護用のパッチ更新が行われなくなったり、運用管理者が不在になると、長期にわたって脆弱性を放置されたまま使用されることになる。こうした事態は、犯罪者にとってうってつけの状況を導くことになる。

二〇一六年には、ＩｏＴ製品一〇万台以上に攻撃を行った「ミライ（Mirai）」と呼ばれるマルウェアが原因で、アマゾンやネットフリックスなど、多くの企業が影響を受けた。ＰＣのセキュリティでさえ、日々のアップデートにわずらわしさを感じる読者も多いだろう。それにＩｏＴ機器のアップデートがくわわれば、一層のわずらわしさを感じるのではないか。

よって、ＩｏＴ機器には半自動的にアップデートをする仕組みを搭載する必要がある。だが、たとえば車の運転中にアップデートが行われ、機能がストップするようなことがあってはならない。アップデートを自動化するためには、さまざまな問題をクリアする必要があるのだ。

そういう意味では、現在の日本におけるＩｏＴ機器のセキュリティ環境は、けっして万全なものとは言えない。アップデートが自動化される技術がきちんと構築されるまでのあいだは、どれだけめんどうでもＩｏＴ機器のセキュリティは、こまめに自身で行う必要がある。

技術が進化すれば悪用もされる

技術の進化とそれを悪用する者の存在は、いたちごっこのごとく永遠に続いていく課題だといえる。本書でも随所で技術の悪用について述べてきた。ここでは、「そんなこともあるのか」と驚くような悪用の実例について、いくつか紹介したい。

最新ＩＴ機器を使ったルール違反が大リーグで

便利であれば便利であるほど、新しい技術を利用したいと思うのが人間の性だ。アメリカのメジャーリーグでは、アップルウォッチ（Apple Watch）を使ったサイン盗用が発覚した。

盗用事件は、ボストンレッドソックスが起こした。ニューヨーク・タイムズによれば、レッドソックスは外野席にカメラを仕込んで、相手のキャッチャーのサインと投球を撮影して分析。

そこからアップルウォッチ経由で情報を、二塁に出塁した選手に伝える。二塁の選手はサインが見えるので、その意味を読み解いたうえで、バッターボックスの仲間に伝えるという手順だという（**「メジャーリーグでApple Watchを使った『サイン盗み』が発覚」GIGAZINE 2017/9/6**）。

ただし、メジャーリーグではサイン盗みそのものはルールでは禁止されてはいない。今回は、機器を使ったことが争われている。レッドソックスは外野席に設置したカメラの映像を検証して、その情報を選手に伝えていたことを認めたが、同時にヤンキースもテレビ画面を利用したサイン盗用を行っていると訴えている。

その後、大リーグを統括するＭＬＢ（メジャーリーグベースボール）からレッドソックスに罰金処分が科せられた。二〇一七年一〇月には、ダイヤモンドバックスのコーチが電子時計を不正使用しているという疑惑が浮上した。

これらの事態を受けるかたちで、ベンチ内で電子機器を使わないことの徹底と、規則を破った場合にはドラフト指名権剝奪などの重罰を科す可能性を、全三〇球団に対してコミッショナーが通達した。

こうした事態は、技術の向上によってもたらされる。とはいえ、新しい技術の登場によって、これまでも多かれ少なかれ、どのような現場でもこうした問題は繰りかえされてきた。そういった意味では、技術が利便性と（ある種の）混乱をもたらす場面に、私たちは今後も向きあっていかなければならない。

写真から指紋を盗まれる

便利であると同時に、危険が増えるのがネット社会。ピースサインだけでも、ネット上の写真から指紋が抜きとれるといった研究がある。

ネット上の写真から指紋を抜きとれる点を指摘するのは、国立情報学研究所の越前功《えちぜんいさお》教授。何気なくカメラに向けたピースサインだけで、指紋情報が取られてしまう場合があるという（「『ピースサインは危険!!』3メートル離れて撮影でも読み取り可能」産経ニュース 2017/1/9）。

本書で論じてきたように、スマホの指紋認証は iPhone に導入されるなど、すでに有名な機能である。玄関のドアロックや金融機関へのログインなど、指紋情報は今後もさらに活用されることが見込まれている。

国立情報学研究所の実験では、三メートルの距離で撮影した画像でも指紋が読みこめたという（もちろん、すべての写真で抜きとれるわけではない）。また、近年は目の瞳孔《どうこう》まわりの色を使った虹彩《こうさい》情報なども、生体認証として利用されるようになった。生体認証とは、生体器官などの身体的な特徴に関する情報をもちいた個人認証技術を指す。

指紋にせよ虹彩にせよ、はたまた顔データにせよ、これらは人間の生体であるがゆえに変えられないものである。悪用されたからといって、指を変えたり目を変えたりすることなどできない。つまり、変更が効かない。

生体認証は、ビジネスやセキュリティなどさまざまな領域で、有効かつ活用の可能性があるとともに、いったん悪用がはじまると収拾が困難となり、被害が拡大することも予想される。

インターネットでは、長年にわたりパスワードの盗難が問題となっている。はたして、生体認証によって、パスワードの盗難問題に終止符を打てるだろうか。国立情報学研究所の研究を見る限り、まだまだ課題は山積みのようだ。

まとめ

本書はネット社会のさまざまな事例を参照し、その利便性や問題点を論じてきた。ネットに関する技術には長所も短所も存在する。そして、それらが複雑にからみあっているのが現状であることは、ここまでの記述で明らかであろう。

最後に、筆者の考えをまとめておきたい。

ユーザーベースの「デジタルウェルビーイング」

本書は随所で「アテンション・エコノミー」と呼ばれる、企業主導（ビジネス）による、スマホの画面で繰りひろげられる二四時間三六五日のお祭りを問題視してきた。なぜなら、ゆっくり自分について考えようとしても、スマホの先のお祭りに注意力を奪われるからである。

昨今の社会は、美容やダイエットに資格取得など、さまざまな意味で自分を輝かせることが求められている。だがアテンション・エコノミーが蔓延《まんえん》する社会にあっては、「自分と関わる」ことがむずかしい。ただでさえ自分について考えることはむずかしいのに、そのための注意力や時間が「奪われている」といっても過言ではないだろう（この点については、筆者がプレジデントオンラインで二〇一八年一月に書いた「なぜ人々はヤフコメだと上から目線なのか――『弱者が弱者をたたく』最悪の構図」にくわしい）。

筆者の念頭にあるのは、そのような状況からいかにして距離を取り、スマホなどのデジタル技術と適切な関係を結んでいくかにある（したがって、スマホやデジタルのすべてが悪というわけではない）。そのためには、少なくとも「技術が私を操作する」のではなく、「私が技術を操作する」ことが望ましい。

ユーザーが主体的に操作しうる技術のひとつに、本書で言及した「スクリーンタイム」というiPhoneのiOS12から搭載された機能がある。スクリーンタイムはユーザーの意思をベースに、スマホと適切な距離を取るための技術だが、こうした取り組みは「デジタルウェルビーイング」と呼ばれている（五二頁を参照）。

企業の論理が優先されては、ネット上は毎日お祭りが溢れかえるばかりで、私たちの幸福にかならずしも直結しない。ゆえに、利便性やその場の興奮だけでない、ユーザーのさまざまなニーズに合わせた、ユーザーベースの「幸福」を尊重した技術が必要とされる。

ちなみに、ユーザーベースの経済は、アテンション・エコノミーに対して「インテンション・エコノミー」と呼ばれる。直訳すれば「意思（意図）の経済」となり、ユーザーが主体であることが強調されていることに特徴がある。企業がユーザーの関心を引くためのアテンション・エコノミーに対して、ユーザーが「関心を示す＝意思したこと」をベースに、企業がサービスを展開する、という方向性の転換だ。

ここで詳述はできないが、ネット上における「ユーザーベース」の考え方は、二〇一八年五月からEUで実施されたGDRP（一般データ保護規則）という個人情報保護法制にも反映されている。

私たちの幸福を考えるためには、技術をもう一度私たち自身の幸福のために取りもどさなければならない。それは技術を手放すことではなく、技術の使い方を変えることで達成される課題なのだ。

そのための技術のひとつが、前述のスクリーンタイムのような機能だ。ユーザーのスマホアプリは増加傾向にあるが、今後はアプリを減らすためのアプリ、つまり「デジタルデトックスアプリ」が必要になるだろう（デトックスとは体内の有害な毒物の排出を意味する。すなわち、自分にとって有害なデジタル環境を排出する、ということだ）。

とはいえ、ユーザーベースといっても、すでに私たちは多くの意志力が必要とされる社会を生きている。スマホ依存状態から脱却するためのスクリーンタイムも、最初にアプリの使用時間などを設定するなど、少なからずユーザーの意志力が必要とされる。

本書では「技術との付き合い方」をひとつの軸として論じてきたが、そのためには、自分と向きあう時間や意志力を確保する必要がある。その一方で、デジタルデトックスアプリですら、私たちの意志や行動にいくらかの負荷をかける。

日々の生活は忙しく、私たちの多くは、すでに最大限の意志力を発揮させながら生きている。そんななかで、私たちはどこまでデジタルデトックスアプリを自発的に（意志力をもって）利用できるのだろうか。むしろそれを利用できないほど疲弊しているからこそ、「おかしいな」とうすうす感じながらも、日々スマホに依存しつつ、スマホが提案してくるコンテンツに「満たされた」生活を、私たちは送っているのではないだろうか。

技術を操作し、意志力を確保することは重要だ。しかし、そのための力（意志力）は、疲弊した私たちには残っていない。だとすれば、私たちに求められるもうひとつの技術は、ユーザーベースでありながら、意志力を最小限に抑えられるようなサービスであろう。

それは何なのか。まだ明確に言明できないが、「デジタルウェルビーイング」といった新たな潮流から、新しいサービスの登場を願いたい（付け加えるならば、一部のサブスクリプションサービスに、筆者は可能性を感じている）。

技術との適切な関係の結び方

便利な技術から距離を取るには、自分の意思だけでは太刀打《たちう》ちできない。筆者は、個人が賢くなり、強靱な意志力を持て、と言いたいわけではない。スマホの引力から自力で抜けだすことは困難であるがゆえに、「技術の発想」の転換を提案しているのである。

とはいえ、現時点において私たちができることは、それほど多くはない。まずはネットやスマホの利点や問題点を理解すること。そして、どのようなサービスであれば技術と適切な関係が結びうるかを考えながら、サービスを利用すること。その際に「自分で技術をコントロールできるかどうか」は、ひとつの指標になるだろう。

ちなみに筆者は、ツイッターやフェイスブックなどのＳＮＳを利用する際に、スマホアプリは利用していない。ＰＣからアクセスするか、どうしてもスマホで利用したい場合は、ブラウザから利用することに決めている。

なぜアプリを利用しないのか。その理由は、スマホアプリと異なり、ＳＮＳへのアクセスに「ひと手間」かかるからだ。手持ち無沙汰なときには、ついＳＮＳにアクセスしたくなる。だが、この意志力を使うめんどうな「ひと手間」を自分で設定しておくことで、不必要なアクセスを減らし、自分の時間を確保することができる。

これはほんの一例だが、スマホに振りまわされていると感じている読者は、それぞれ自分のやり方で「技術との関わり方」を編みだしていただきたい。

あとがき

現状のネット社会に関して、本書では多くの事柄を述べることができた。ここでは、本書を執筆するにあたってお世話になった人々にお礼を述べておきたい。

まず、何といっても荒川強啓氏をはじめ、『荒川強啓デイ・キャッチ！』に携わった出演者やスタッフの皆様に感謝を申し上げたい。「デイ・キャッチ」が筆者を拾ってくれたことで、その後の多くの仕事に恵まれ、また仕事をとおしてネット社会のニュースに一層くわしくなった。番組は惜しくも終了するが、本書は筆者にとっていわば「卒業制作」のようなものであり、番組に対する筆者なりの感謝の気持ちを表現したものでもある。

次に、ニュース解説の元となった記事の掲載サイトや、記事の執筆者の方にもお礼を申し上げたい。参照させていただいた多くの記事がなければ、本書が生まれることはなかった。

また、帯のテキストを書いていただいた宮台真司《みやだいしんじ》氏と、筆者に本書執筆の声をかけてくれた出版芸術社の谷川茂《たにかわしげる》氏に感謝申しあげる。

二〇一九年二月一日

塚越健司

ＴＢＳラジオ「荒川強啓デイ・キャッチ！」の「ニュースクリップ」で本書のニュースを取りあげた時期の一覧

1　私たちはスマホを操作するのか、操作されているのか

若者に人気の理由とは
2014年10月13日、2017年10月17日
なぜ世界中の人々が利用するのか
2016年2月1日、2017年5月9日
画像の底力を知らしめたＳＮＳ
2016年3月7日、同年12月20日
将来はパソコンが必要なくなる⁉
2014年12月1日、2017年2月21日
10代とネット社会
2014年4月7日、2015年5月12日、同年12月7日、2016年3月14日、同年11月28日、2017年12月19日
勉強も友人関係もスマホからはじまる
2015年10月19日、2017年1月3日

2　あらゆるものは配信され、広告になる

世界をリードする無料の動画と有料の動画
2015年1月12日、同年2月9日、同年8月31日、2016年6月27日、2018年1月9日、同年12月4日
ＣＤのない生活
2015年6月15日、2016年10月3日
ゲームはスマホで楽しむものに
2015年6月1日、同年6月22日、2016年4月4日、同年7月4日、2018年6月19日
私たちはそのサービスをどこまで必要としているのか？
2015年7月10日、同年12月7日、2016年11月21日、2017年3月28日、同年4月17日、同年7月4日
広告を知らずしてネットの海は泳げない
2015年7月20日、同年8月17日、2016年8月15日、2017年2月28日、同年4月11日、同年6月13日、同年6月6日、同年10月10日

3　キーワードで読むネット社会

３Ｄプリンター
2014年5月12日
故人のプライバシー
2014年7月14日
ネットとチャリティー
2014年9月1日
ハッカー
2015年12月21日
スノーデン
2016年6月6日
「保育園落ちた日本死ね」
2016年12月5日

4　ネット社会の論点

顔認証から見えるセキュリティとプライバシー
2014年6月2日、2016年1月4日、2017年9月19日
ウイルスは知らぬ間にあなたのパソコンへ忍びこむ
2014年9月8日、2015年5月25日、同年10月5日、同年11月16日、2016年8月15日、同年9月26日、2017年5月16日、2017年9月5日
インターネットと著作権
2016年12月5日、同年12月12日、2017年1月3日、同年4月4日、同年5月30日、同年12月5日
ネット社会から自分を消すことはできるのか
2014年5月19日、2015年2月16日、2016年4月4日、同年9月19日、2017年2月7日
ヘイトスピーチは終わらない
2015年1月12日、同年12月21日、2016年2月15日、同年6月6日、同年11月14日、2017年3月21日、同年5月9日、同年8月29日、同年9月26日、同年11月21日
デマ・拡散・炎上
2014年10月27日、2015年9月7日、2017年1月31日、同年5月2日、同年9月5日、同年10月24日
あなたの身近にフェイクニュースが
2017年3月28日、同年7月25日
復讐ツールとしてのネット
2014年10月13日、2016年3月28日、2017年10月31日

5　進化し続けるネット社会の未来

検索の、その先へ
2016年9月19日、2017年8月29日
ヴァーチャル空間と現実空間は境目がなくなる⁉
2015年11月16日、2017年3月14日、同年10月10日、同年11月7日
スマートスピーカーは家族の一員になれるか
2017年10月10日
技術が進化すれば悪用もされる
2017年1月10日、同年9月12日

塚越健司（ツカゴシ・ケンジ）

一九八四年、東京都生まれ。一橋大学大学院社会学研究科博士後期課程単位修得退学。拓殖大学、学習院大学非常勤講師。専門は情報社会学、社会哲学。ミシェル・フーコー研究のほか、インターネットの技術や権力構造などを研究。TBSラジオ『荒川強啓デイ・キャッチ！』の「ニュースクリップ」レギュラー（二〇一四年四月〜二〇一九年三月）、NHK Eテレ『世界へ発信！SNS英語術』などに出演。著書に『ハクティビズムとは何か』（ソフトバンク新書）。共訳に堀内進之介監訳『アメコミヒーローの倫理学』（パルコ出版、近刊）。

ニュースで読み解く
ネット社会の歩き方

二〇一九年三月二〇日　第一刷発行

著　者　塚越健司
発行者　松岡佑子
発行所　株式会社 出版芸術社
〒一〇二 - 〇〇七三
東京都千代田区九段北一 - 一五 - 一五 瑞鳥ビル
ＴＥＬ　〇三 - 三二六三 - 〇〇一七
ＦＡＸ　〇三 - 三二六三 - 〇〇一八
ＵＲＬ　http://www.spng.jp/

カバーデザイン　小林義郎
本文デザイン・組版　アジュール
印刷・製本　中央精版印刷株式会社

ISBN 978-4-88293-516-2 C0036